Hans Riedl
In den Zeiten der Bauer

hans:riedl

In den Zeiten der Bauer

Rediroma-Verlag

Bibliografische Information der Deutschen Nationalbibliothek:
Die Deutsche Nationalbibliothek verzeichnet diese Publikation in der Deutschen Nationalbibliografie; detaillierte bibliografische Daten sind im Internet über http://dnb.ddb.de abrufbar.

ISBN 978-3-96103-436-9

Umschlagillustration: nild / photocase.de

www.rediroma-verlag.de
9,95 Euro (D)

Der Bauer, der Bauer, das ist ein Gesell,
schnell ist er mit Fleiß und der Arbeit zur Stell.
Es wär besser und weiser, er ging ran mit Bedacht,
schon wäre die Arbeit bereits richtig gemacht.

Ein Hoch auf den Bauern, der uns mit Nahrung
versorgt,
auch er hat von der Erde den Boden geborgt.
Er gilt als der Hüter und Nahrungsbereiter
und gibt diesen Boden an die Nachkommen weiter.

Ob er ihn vergiftet, ob er ihn recht hegt,
das hat schon bei Zeiten die Gemüter erregt.
Es liegt an dem Bauern, wie er es versteht,
wie er in die Annalen der Geschichte eingeht.

Ich werd mich jetzt aufs Glatteis wagen.
Was ich mir denk, werd ich euch sagen.
Ich nehm kein Blatt mir vor den Mund,
doch ist nicht gültig mein Befund.

Die Erfahrung ist aus erster Hand.
Ich nehm mir vor den Bauernstand
und zerleg ihn in die Einzelteile,
denn ein gutes Ding braucht eben Weile.

Ich schau ihn an, ich prüf ihn auch,
auch so manchen Bauernbrauch
und seine Taten will ich klären.
das darf den Leser nur nicht stören.

Liegt er vor mir dann ausgebreitet,
zur OP gut vorbereitet,
narkotisiert auch noch zu Letzt,
wird die Kritik durch Lob ersetzt.

Jetzt Leute habt nur keinen Schreck,
Angstmacherei hat keinen Zweck.
Ich hab den Bauern stets gemocht.
Es wird nichts so heiß gegessen, wie gekocht.

In den Zeiten der Bauer...

Es hat sich der Bauer in den Zeiten gewandelt.
Vom Ernährer zum Zerstörer hat er sich gehandelt.
Er hat für sich Wohlstand und Reichtum erkoren
und dabei das Ziel eines Bauern verloren.

Einst säte er Korn aus, mit prüfender Hand,
da hatte noch das Wort von der Ernährung Bestand.
Das hatte dem Bauern auch Mühe gebracht,
noch wurde die Arbeit nicht
von Maschinen gemacht.

Dann kam die Beratung
von den verschiedenen Kammern,
da begann sich der Bauer daran nur zu klammern.
Er tat nichts mehr eigen, die Beratung war gut.
Der Bauer schwamm fort in der reißenden Flut.

Seit dem treibt er verloren auf offenem Meer.
Dass dort er verbleibt, darum kümmern sich sehr,
die Kammern und Bünde,
die ihr Werk gut verrichten,
die den Bauern als Bauern
im Bewusstsein vernichten.

Jetzt ist er so hilflos und am Boden zerstört.
Er hat nicht den Ruf nach der Erlösung gehört.
Zurzeit ist der Bauer recht taub und recht blind,
wie halt immer in den Zeiten die Hilflosen sind.

Der Bauer ist fleißig, stets will er noch mehr.".
Es ist nichts in Ordnung, es gibt immer Bescher.
Der Bauer war früher von der Natur einst der Hüter.
Jetzt rafft er zusammen Gewinne und Güter.

Es trifft ihn manch Tadel
wegen seines gierigen Jobs.
Man hört nur Geschimpfe, kaum Wörter des Lobs.
Ich werf nicht zusammen,
die Guten, die Schlechten.
Es gibt auch noch welche,
die schaun nach dem Rechten.

Im Buch will ich sehen, wie er sich benimmt,
doch ist meine Meinung, nicht die rechte bestimmt.
Ich will ihn nicht tadeln, ohne Grund, ohne Muss,
sonst macht halt manch Bauer
mit dem Gewerbe noch Schluss.

Das Bauernland

Die Geschichten aus dem Bauernland,
berichten nur vom Bauernstand.
Wie die Bauern sind, wird hier drin klar
und ihr Beruf wird offenbar.

Ihr Fleiß ist auch schon legendär
und die Kritik ist oft nicht fair.
Sie sind wie ein gebranntes Kind.
weil sie meist Übeltäter sind.

Die Gesellschaft stellt sie an den Rand.
Wie sie das macht, ist gut bekannt.
Das Grundvergiften ist ihr Los
und im Tiere quälen sind sie groß.

Was schlecht ist und was schlecht getan
haftet man den Bauern an.
Wir sollten, da wir Nahrung essen
auf die Bauern nicht vergessen.

Die meisten Bauern sind recht brav,
doch befindet sich manch schwarzes Schaf
in ihren Reihen auch geduldet.
So ist der schlechte Ruf verschuldet.

Das Bauernland in der Gestalt,
gibt jedem Volk den festen Halt.
Weil ein Volk ganz ohne Bauernstand,
ist ein wüstes, ödes, leeres Land.

Die Bauernschaft ergründen

Ich will die Bauernschaft ergründen
und hoffe, mich zurecht zu finden.
Behutsam, auch mit voller Kraft
will ich sehen was der Bauer schafft.

Was einen Bauern rundum treibt
und wie er lebt und wie er leibt.
Was seine Ziele sind fürwahr,
zumindest für das nächste Jahr.

Ihn zu verstehen ist mein Ziel,
was er muss und was er will,
versuch ich auch heraus zu finden,
was er macht, aus welchen Gründen.

Was ich im Buch hier nieder schreib,
dient mir nicht nur zum Zeitvertreib.
Meinen Wissenstand will ich bereichern,
das neue Wissen will ich speichern.

Abgerechnet wird zum Schluss.
ich hoff, ich ernt` nicht viel Verdruss,
wenn ich mich mal im Wort vergreif
und in der Meinung mich versteif.

So hoff ich auf ein gutes Werk.
Der Bauer hat mein Augenmerk.
Ich hoffe, dass er mir verzeiht,
wenn er mir seine Stimme leiht.

Der Ausstieg

Auch ich war einst Bauer mit Herz und mit Hirn
und wollt vom Ertrag zu leben probiern.
Im Hühnerstall Hennen, auf den Feldern das Korn,
beinah hätt ich damals meine Seele verlorn.

Ich sammelte Eier, zigtausend pro Tag,
so wie es sich der Laie nicht vorstellen mag.
Die Hennen gehalten bei elektrischem Licht,
sie wurden versorgt, doch frei waren sie nicht.

Der Markt hat gerufen, ich hab ihn erhört,
doch hat diese Haltung mich schon ziemlich gestört.
Drauf wollt ich verzichten,
doch die Bank sagte „No".*
So wurde ich damals meiner Tage nicht froh.

Die Zeit floss dahin, mir graute das Hirn.
Jetzt wollte ich endlich den Ausstieg probiern.
Das war nicht ganz einfach, jetzt ging es ans Moos,
doch war schon mein Vorsatz
für den Ausstieg zu groß.

Ich kann euch versichern, liebe Freunde und Leser,
nach den vollendeten Schritten ging es mir besser.
Ich war zwar vom Wohlstand und der Mittel beraubt,
doch musst ich nicht hungern,
nicht das was ihr glaubt.

„Setze als Landwirt, als Erzeuger den Schritt,
den du dir vornimmst und mach nicht mehr mit,
wenn das Herz es verbietet und die Seele dir leidet.
Jetzt bin ich im Zustand, der selbst sich beneidet.

Im Dilemma, der Bauer

Im Märzen der Bauer, die Rösslein einspannt.
Damals sind auch die Knechte und Mägde gerannt.
Heut kommt er geritten,
auf seinem stählernem Ross,
wie eine Dampfwalze schwer,
furchterregend und groß.

Er pflüget den Acker, er egget und sät.
Auf dem Acker, der Bauer,
keinen Schritt heut mehr geht.
Er müht sich von morgens bis abends mit Fleiß.
Er tippt ein in den Computer, die Menge, den Preis.

Wenn die Pflanzen schön wuchsen,
im Garten, im Feld,
der Bauer war glücklich, was er hat bestellt.
Das ergab zwar viel Arbeit,
für Mensch und das Vieh.
Heut macht das der Bauer, meist mit der Chemie.

Am Bauernhof mussten viele Helfer auch sein.
Heut macht meist der Bauer die Arbeit allein.
Der Bauer, die Bäuerin,
haben gesorgt für die Kinder,
für die Hühner, die Schweine
und auch für die Rinder.

Heut gibt es den Bauern, als Single meist nur,
denn es zieht keine Frau mehr in die Natur.
Die Bäuerin rührte Butter, buk Krapfen und Brot,
damit konnte sie lindern, den Hunger, die Not.

Heut verschwendet man Nahrung,
was ergibt das für Sinn?

Die liegt dann zu Haufen im Mistkübel drin.
Die Kuh drin im Stall, die Hühner, das Schwein,
stets mussten auch Tiere am Bauernhof sein.
Heut sind es die Massen, wie in einer Fabrik.
Menge und Masse, das ist heut der Trick.

Einst wuchs auf den Feldern, der Weizen, der Mais.
Das hatte noch Nährwert und auch seinen Preis.
Heut macht man mit Getreide den Diesel daraus.
Ist das nicht verwerflich? Ja so sieht es aus.

Wenn ich heute wär Bauer, ich würd mich besinnen,
ich würde noch einmal von vorne beginnen,
denn was nützt mir mein Einsatz,
was nützt mir mein Fleiß,
wenn ich produzier für Konzerne
und erziel keinen Preis.

Ich schrieb einst nach Brüssel
um eine entsprechende Gabe,
weil ich in meinem Garten
zu wenig Einkommen habe.

Doch Brüssel blieb stumm,
ich sah nicht in die Karten.
Auf eine entsprechende Antwort
muss ich heute noch warten.

Ungleich ist das Spiel

Wenn die Blüten der Bäume die Menschen erfreun,
dann zieht wieder der Frühling in die Länder herein.
Dann krabbeln die Käfer, die Würmer geschwind,
bei Sonne und Regen, bei südlichem Wind.

Dann beginnt sich zu regen, der Ochs und die Kuh,
die Hennen am Mist und der Bauer dazu.
So lautet ein Märchen, das längst schon vergessen.
Vor Jahrzehnten ist es vielleicht so gewesen.

Heut regt sich der Bauer, vor nichts macht er Halt.
Sein steter Gedanke: Was macht sich bezahlt?
Nun wirft er den Fuhrpark in die Gänge hinein.
Dass dieser verrostet, das darf es nicht sein.

Manch Frächter am Highway ist sichtlich erregt,
wenn der Bauer seinen Traktor
gleich schnell oft bewegt
und Ladegut fasst sein Anhänger gleich viel.
Der Frächter verzweifelt, ungleich ist das Spiel.

Dazu kann dieser noch fahren im Feld und im Wald.
Des Bauern Gespann macht sich doppelt bezahlt.
Beide haben nicht Platz, das Feld ist beengt,
wenn der Bauer den Frächter
von der Straße verdrängt.

Ums Überleben kämpft jeder, mit Härte und Art,
da wird auch kein wenig mit den Mitteln gespart.
Der Fuhrpark manches Bauern
ist wirklich monströs,
doch garantiert er noch lang nicht für einen Erlös.

Mein Bauernleben

Frische Luft und Sonnenschein,
heute möcht ich Bauer sein,
dazu ein Weib, das mir gehört
und meinen Nachbarn nicht betört.

Ich schau aufs Weib, will unterdessen
nicht auf die Liebe ganz vergessen.
Es wär zwar Zeit, dass auf dem Feld,
die Aussaat längst wird drauf bestellt.

Doch was heut nicht geht, hat morgen Zeit.
Heut üb ich nur den Zeitvertreib
und gutes Essen find ich nett
auch die Spielchen drin im Ehebett.

Noch scheint die Sonne hell und warm.
Ich halt die Frau in meinem Arm.
Es soll nicht sein, womit man geizt,
wenn mich die Frau zum Letzten reizt.

So bleib ich Bauer, Jahr für Jahr.
Ich find es schön, das ist doch klar.
Auf keinen Fall will ich verzichten,
doch soll auch wer die Arbeit richten.

Am Feld schießt schon das Unkraut hoch.
Ich mache eine Pause noch
und üb den Urlaub schon zu Haus.
So sieht mein Bauernleben aus.

Der Bauer im Irrtum

Ich war einst drin im Bauernstand.
Hab viel probiert auf meinem Land,
doch vom Irrtum war ich heimgesucht
und meine Ernte war verflucht.

Hab viel geschafft, hab auch gegeizt,
doch meine Zeit ist ausgereizt.
Was ich gemacht, war falsch getan.
Ich fang nochmal von vorne an.

Was ich gesät auf Grund und Feld,
das brachte Ärger, nur kein Geld,
weil ich gesät das falsche Korn.
Die ganze Aussaat war verlorn.

Hab nicht geachtet auf die Frucht.
Den Fehler hab ich lang gesucht.
Aus einer Knolle wuchs geschwind
ein Stamm, wo sonst nur Körner sind.

Und aus dem Korn die Knolle trieb,
die sonst nur tief im Boden blieb
und das Ungeziefer fraß es auf.
So war nun mal mein Jahreslauf.

Ich fang nochmal von vorne an,
damit ich mich beweisen kann.
Denn ein Bauer der hat was im Hirn,
das sollte mal der Mensch kapiern.

Unser täglich Brot

„Herr gib uns unser täglich' Brot,
bewahre uns vor Hungersnot,
auf dass wir auf die Bauern schauen,
auf dass wir ihrem Schaffen trauen."

Gibt es im Land zu wenig Brot,
dann leidet Tier und Mensch nur Not,
dann kann der Mensch mit leeren Magen
nicht mehr des Tages Lasten tragen.

Heut bäckt man Brot in der Fabrik.
An diesem Brot üb ich Kritik.
Man das Mehl als Grundstoffelement
nicht mehr als Nahrungsmittel nennt.

Es geht nur als Füllstoff bestenfalls
zur Not noch rein in unseren Hals.
Die Qualität man somit streicht,
weil mit Chemie wird es gebleicht,

es ist aufgedunsen, aufgepäppelt.
Der Verbraucher wird damit veräppelt.
Er beißt hinein in diese Fülle
und bemerkt zu spät die leere Hülle.

Das Brot vergeht wie Zauberei.
Man wird nicht satt von diesem Brei.
So flauschig wie ein Seifenschaum,
stillt es der Menschen Hunger kaum.

Ihr Bäcker ehret eure Zunft.
Backt Brot mit Fleiß und mit Vernunft
und haltet eure Ehre hoch.
Vereinzelt gibt es solche noch!

Der Bauer soll den Samen säen,
mit dem Korn soll er zum Müllner gehen.
Der Müllner gibt dem Bäcker kund,
der bäckt das Brot zur frühen Stund.

So schließt am Ende sich der Kreis,
von Qualität und gutem Preis.
Das Brot verzehrt am letzten End,
voll Appetit der Konsument.

Schwein gehabt

Der Bauer ist ein braver Mann,
an dem man nichts bemängeln kann.
Er steht im Stall von früh bis spät,
damit darin was weiter geht.

Was er auf seinem Hof erzeugt,
das nach großem Fleiß es zeugt,
doch beim genauer Hinschaun fällt mir ein,
ein Bauer könnt ganz anders sein.

Nun seh ich unseren Bauern an,
wie er gut Schweine züchten kann.
Er ist ein Meister drin im Fach,
er züchtet sie gleich tausendfach.

Kaum einer isst das eigene Schwein,
vom Fleischmarkt muss das Schnitzel sein.
Zu meiner Zeit, ich sag es euch,
war man noch sparsam, kein Vergleich.

Was ich hier sag ist Ironie,
man aß das ganze Borstenvieh.
Gut gegart, auf diese Weise
war es für uns nur Sonntagsspeise.

Je mehr Fett es hatte, umso besser,
dann war der Vorrat umso größer.
Es musste reichen für ein Jahr
auch für die ganze Kinderschar.

Die alten Bräuche sind schon fort.
Nun liebe Bauern, auf ein Wort:
Ehrt eure Arbeit, mit Bedacht,
sonst endet eure Bauernmacht.

Macht selbst euch Ehre, eure Zunft,
wählt eure Speise mit Vernunft.
Wenn ihr dran euren Hunger labt,
dann habt ihr nochmal Schwein gehabt.

Es diktiert unsere Bauern
eine heimliche Macht,
die hat schon manch Bauern
zum Scheitern gebracht.

Wer hier wohl gemeint ist,
das erratest nicht du.
Ich nenn nur ein Kürzel,
mit dem Namen EU.

Leibeigenschaft

Wie ist nun heut des Bauern Stand,
aufgebaut auf Staub und Sand,
wie ein Ballon mit Luft und Äther
und oft gilt er als Missetäter.

Oft gilt er auch als ein Verschwender,
der heilen Welt als der Beender.
Der Chemiewirtschaft ist er Vasal,
nichts Gutes dran, auf keinen Fall.

Oft gilt er auch als Luftverpester,
sein eigener Feind gilt er als größter
weil er selbst Nahrung produziert
und dabei sein eigenes Ich verliert.

Für Konzerne regt er seine Hand,
dasselbe gilt im ganzen Land.
Ob nun die Milch, das Fleisch als Nahrung
er hält nicht die Preise in Verwahrung.

Die diktiert der Markt, sprich der Konzern,
dasselbe gilt in Nah und Fern.
Er regt nur seine Hand mit Schmerz,
doch es befriedigt kaum sein Herz.

Er ist gedungen von der Macht,
die durch ihn Geschäfte macht.
Sie hat ihn erpresst und ihn geknebelt,
sie hat seine Rechte ausgehebelt.

Wo ist sein Wille, wo sein Recht?
Obwohl er frei ist, ist er Knecht.
So ist, was heut der Bauer schafft,
ein Produkt aus der Leibeigenschaft.

Einst und jetzt

Ein Bauer saß auf seinem Pferd,
wo er auch war, war er geehrt.
Dieser Zustand ist schon lange fort,
kein Pferd ist mehr beim Bauern dort.

Damals war er angesehen,
konnt mit dem Pferd auf Reisen gehen,
ob nun im Sattel oder so,
im Wagen dran, mit viel Hallo.

Wo sind sie heute hier am Land?
Wo ist das Pferd im Bauernstand?
Wo es einst zog den Pflug dahin,
es zog auch schon die Dreschmaschin.

Der Bauer hielt die Treue nicht.
das Pferd hat nunmehr keine Pflicht.
Der Bauer setzt auf mehr PS,
das Pferd hat Freizeit nur indes.

Der Bauer sitzt auf Stahl und Eisen.
Mit dem Gerät kann er auch reisen
und oben drein noch transportieren,
auch wenn sie schnell an Wert verlieren.

Wie nennt man nun, so das Gerät,
so wie es auf dem Markte steht?
Das Gerät ist meistens furchtbar teuer,
seine Größe wie ein Ungeheuer.

Es ist bärenstark im Zug und Drang.
Das Gerät erzeugt auch einen Klang,
wie Erdenbeben, Donnergrollen,
wenn voller Last die Räder rollen.

Traktor, Traktor, Zugmaschine,
zum bösen Spiel die gute Miene.
Man muss den Bauern auch verstehen,
auch er will mit den Zeiten gehen.

Zu hoch ist der Preis

Mein Häuschen, mein Garten,
mein Hund und mein Schwein,
mit all dieser Habe will ein Bauer ich sein.
Doch fehlt mir das Wissen
und auch die Erfahrung,
wie ich sie beschaffe,
mir selbst meine Nahrung.

Nun setz ich den Mut und all meinen Fleiß
auf diesen Beruf, doch zu hoch ist der Preis,
weil was ich auch mache, fast nichts mir gelingt.
Das ist wohl am Mangel an Erfahrung bedingt.

So bin ich nicht Bauer, wie ich es erträum.
Nach langem Bedenken das Spielfeld ich räum.
Mein Häuschen, mein Garten,
mein Hund und mein Schwein,
wollen anscheinend nicht auf einem Bauernhof sein.

Brüssel liegt in Belgium.
Brüssel deine Zeit ist um.
Zu groß, zu fett ist der Kolos,
gibt der Bauernschaft den Todesstoß.

Hier ist der Beweis

Wär ich heut noch Bauer, dann wär ich betrübt,
denn den Untertan spielen, hab ich nicht geübt.
Dass mir jemand diktiert, meine Arbeit, mein Ziel,
das hielt ich nicht aus, das wär mir zu viel.

Als ich mich noch damals hab Bauer genannt,
da war mir noch Brüssel total unbekannt.
Ich pflanzte auf Feldern, was ich mir gedacht,
das hat für die Arbeit mir Freude gemacht.

Ich musste nicht schreiben und auch nicht notieren
und mit dem Papierkram die Zeit nicht verlieren.
Hab geackert, geerntet, wann es günstig mir schien.
Von morgens bis abends ging die Zeit so dahin.

Doch sag ich auch ehrlich, ich verschweige es nicht,
auch das zu belegen, halt ich für die Pflicht.
Zuschüsse aus Brüssel, die konnt ich mir denken.
Ich musst` den Ertrag
auf meine Arbeit beschränken.

Heut macht Brüssel den Bauern
zu seinem Komplizen,
weil zu viele Beamte unnötig dort sitzen.
So macht man sich wichtig, hier ist der Beweis,
man schafft sich selbst Arbeit,
so schließt sich der Kreis.

Nur der Bauer bleibt übrig als treuer Vasal.
Nichts hat er zu sagen, wie früher einmal.
Ich wär lieber mein eigener Herr auf dem Feld.
Auf den Zuschuss verzicht` ich,
ich pfeiff auf das Geld.

Die Gemüter erregen

Ich wünsch mir den Bauern, mit Uhrkette am Bauch.
So wie man ihn kannte, nach vergangenem Brauch.
So seh ich ihn nicht mehr, es ist schade darum.
Heut reißt es den Bauern wie eine Tarantel herum.

Schon seh ich ihn wieder,
wie seine Pfeife er raucht.
Er hat noch nicht viel von der Umwelt verbraucht.
Seine Rösser sind stark und vorbildlich gezäumt.
So hat schon manch Bauer
von seinen Rössern geträumt.

Da drängt sich der Bauer mit dem Traktor herein.
so wie er sich anstellt, will er im Vordergrund sein.
Nun stellt er den Gasfuß schwer aufs Pedal,
schon weicht aus dem Auspuff ein rußiger Schwall.

Der Bauer mit Bauch hält seine Pferd‘ an der Hand
und führt sie hinaus auf sein heiliges Land.
Da pflügt er sein Feld, weil Frühling es ist.
Das Pferd bringt nicht Ruß, es verliert nur den Mist.

So seh ich die beiden und vergleich ihre Tat,
ob einer von beiden auch Vorteile hat.
Es ist halt die Zeit so, sie läuft so dahin,
doch der Bauer von heut steht mir nicht im Sinn.

Zu viel Aufwand und Sorge,
zu viel Diesel und Masse..
Der Bauer von heut ist eine eigene Klasse.
Für sein Land und die Menschen
bringt er nicht den Segen.
Er wird weiterhin nur die Gemüter erregen.

Der Bauer, ein Schlauer

Manch Bauer ist ein schlauer Mann,
den man auch beneiden kann.
Er pflüget den Acker, er egget und sät,
so wie es bereits im Märchenbuch steht.

Doch das Märchen ist heute nicht mehr passabel.
Der Ruf von den Bauern ist irreparabel.
Er schuftet zwar meistens auf seinem Gehöft,
doch hat er als Bauer ein zweites Geschäft.

Weil er unternimmt, trägt zur Wirtschaft er bei,
weil Unternehmer und Bauer er gleichzeitig sei.
Das ist nicht verwerflich im gebräuchlichen Sinn,
weil es steckt im Unternehmer ein Bauer darin.

Er ist auch gefinkelt und geschickt in der Tat,
weil er im Grundstück seinen Rückhalt noch hat.
Darauf baut er auch auf
und legt Stein drauf auf Stein
und steckt manchen Euro in seine Arbeit hinein.

So wie ich es schreibe, so wird es wohl nichts.
Es gibt nichts zum Sparen, der Zeit Angesichts.
Er ist zwar beschäftigt auf zweierlei Seiten,
doch kann er damit keinen Gewinn sich bereiten.

So lass ich ihn werken, so lang er halt mag.
Er muss sich selbst schinden,
manch Stunde und Tag.
Er ist kaum noch zu Haus,
nur zwischen Angel und Tür.
Sein Ehrgeiz, sein Fleiß,
steht für den Gewinn nicht dafür.

Es ergibt keinen Sinn

Müsst ich heute Bauer sein, wär‘s mir nicht recht,
denn den Job eines Bauern verstünde ich schlecht.
Ich würd nicht begreifen, die Masche, die Art,
wie man den Ruf eines Bauern bewahrt.

Weil heute ist heute und die Zeit ist dahin,
als ich noch ein Bauer gewesen einst bin.
Als ich noch habe mit Fleiß und mit Kraft
für meine Familie die Ernährung geschafft.

Kein Körnchen, kein Zäpfchen
war verloren am Feld,
weil alles was wuchs, war für die Ernährung bestellt.
Heut bebaut man die Felder, es klingt irgendwie,
mit Mais und mit Weizen für die Energie Industrie.

Heut gibt man schon Weizen
dem Feuer zum Brand,
das hat man noch höhnisch Verwertung genannt.
Für den Strom nimmt man heute die Ernte dafür,
dass öffnet dem Missbrauch die offene Tür.

Aus Weizen und Roggen buk ich einst mein Brot,
das war die Ernährung schon zu Zeiten der Not.
Wie soll ich verstehn,
dass für mein Brot einst das Korn
wird im Ofen vernichtet, ist im Feuer verlorn.

Auch gärt man das Korn für die Energie Industrie.
Wir haben es zu Not, verfüttert ans Vieh.
Das ist nichts für mich, das ergibt keinen Sinn.
Auch wenn man mich zwingt,
ich kein Bauer mehr bin.

Es geht sie nichts an

Ich ärgere mich täglich über die Behörde in Brüssel.
Sie streckt aus ihren Arm, streckt aus ihren Rüssel,
hinein in mein Körbchen, das mich hat ernährt.
Es ist nicht zu glauben,
wie man mit uns heute verfährt.

Im Körbchen sind drinnen, von der Sorte, der Art,
weil ich nicht habe mit Vitaminen gespart,
nebst Grünzeug, die Gurken,
auch Zwiebel und Knollen.
Weil nicht von Monsanto,
hätte nicht ernten sie sollen.

Auch Äpfel und Birnen nach Großvaters Sitte,
sie gedeihen noch heute in unserer Mitte.
Jetzt droht man mit Strafe, falls solches ich ess.
Da kann es geschehen, dass ich mich vergess.

Ich nehm auch die Milch von der eigenen Kuh.
Zur Mahlzeit nehm ich noch den Käse dazu,
der reift dort im Keller vor sich hin, in der Zeit.
Das auch zu bestrafen, das ginge zu weit.

Sollten in Brüssel die Damen und Herren
voller Entsetzen die Münder aufsperren
und sich entrüsten über meinen ländlichen Brauch,
so sage ich jenen: Ich entrüste mich auch.

Falls es an Arbeit gebricht den Herren und Damen,
so halte ich fest, mit meinem eigenen Namen:
Lasst die Finger davon, wie ich ernähren mich kann.
So ruf ich nach Brüssel: Das geht sie nichts an!

Antragsteller

Der Bauer ist ein Antragsteller,
weil er nichts hat sonst auf dem Teller.
Mit dem Antrag hat er nichts im Sinn,
doch schickt er sie nach Brüssel hin.

Weil Pflicht ist Pflicht und Geld ist Geld.
Zu wenig wächst auf seinem Feld,
er kann sich selbst nicht mehr ernähren.
Wer kann den Umstand mir erklären?

Gibt Brüssel nichts mehr aus der Hand,
ist der Bauer arm auf seinem Land.
Es wächst kein Korn, das nicht genehm.
Bauer sein ist doch bequem.

So stellt er Anträg‘ wie geübt,
die Bitte ist gleich beigefügt:
„ Ihr hohen Herren dort im Bott
helft allen Bauern aus der Not!“

So manche Bitt nach Brüssel eilt.
Weil Brüssel Geld im Land verteilt,
ist Schreibarbeit der neue Sport
und Pflichterfüllung Ehrenwort.

So stellt er Anträg‘ Tag und Nacht.
Es hat ihm ein wenig Geld gebracht,
denn ohne Anträg, sie ihm sperren,
den warmen Regen, die hohen Herren.

Feuer

Bauer, Bauer, lauf ganz schnell,
dein Haus brennt ab, jetzt auf der Stell.
Die Flammen schlagen schon heraus.
Es ist zu spät, das war dein Haus.

Das ist der Alptraum, wohl für wahr.
Noch stand dein Haus, schön hell und klar
und frisch gedünkt und gut bedacht,
hat Tag und Nacht dich stolz gemacht.

Bauer hol die Feuerwehr,
hol Spritze, Schläuch und Wasser her,
dazu noch Hacken, Leitern und den Kran,
sonst kommst du nicht ans Feuer ran.

Dein Haus brennt ab, ist aus der Form.
Der Schaden ist gewiss enorm.
Hie und da gibt es noch Reste,
als Krümelchen vom Erntefeste.

Übrig bleibt nur Schutt und Asche.
Nun Bauer, mit der leeren Tasche,
hast du gesorgt, nicht nur geprahlt,
die Versicherung brav eingezahlt?

Kopf bewahren, kühl und hell,
es richtig machen, nicht zu schnell,
überleg genau, auch den Verkauf
oder baust du ihn noch einmal auf?

Chemtrails?

Was nützt uns die Arbeit, die wir so verrichten,
wenn uns den Erfolg die Chemtrails vernichten?
Ich seh oft zum Himmel, sprich in den Äther hinein,
dort ziehen die Fäden im milchigen Schein.

Sie kreuzen den Himmel, wie ein Spinnengeflecht.
Jetzt frage ich kritisch: Wer gibt ihnen das Recht?
Dort sprüht man vom Flugzeug
für die Erde das Gift.
Die Fäden und Schwaden
sind eine deutliche Schrift.

Nun wart ich auf Regen, dass die Brühe mich netzt.
Der Unterschied merk ich von früher und jetzt.
Ich ess auch das Zeug,
welches die Pflanze mir speichert,
die hat sich mit den Giften inzwischen bereichert.

Vielleicht bekomm ich noch Beulen
oder sonst wie Geschwür.
Für derart Veränderung fehlt mir das Gespür.
Ich müsst sie halt fragen, die selbiges planen,
doch wo sind sie zu finden, ich kann es nicht ahnen.

Was von oben herkommt ist heut unser Bescher.
Der Flugzeugausstoß wird von Tag zu Tag mehr.
Zu tausenden starten sie an größeren Orten,
die verschiedensten Typen, Tonnagen und Sorten.

Nun wird uns versichert, mit salbigen Worten,
von den Planern, den Tätern und ihrer Konsorten,
das alles nur Schwindel und Einbildung ist,
dass man im Äther die Reinheit nur misst.

Ich verlass mich auf meinen untrüglichen Sinn.
Die Reinheit der Luft ist längst schon dahin.
Ich hör krächzen den Käfer und husten den Wurm.
Auch bei mir hier am Land
wird der Wind schon zum Sturm.

Die Bienen sind tot, die mir die Blüten bestäubt,
auch Zeisig und Fink fliegen herum wie betäubt.
Da soll einer mir sagen, dass es Tatsache ist,
dass man mit Chemtrails die Luft man nur misst.

Die Düfte erleiden

Ich lebe im Dorf, rundum nur Schweinegeruch,
für den Bauern das Gold, für mich manchmal Fluch.
Die Luft ist ein Zustand, der in die Poren mir steigt
und dieser Geruch den Bestand der Schweine
anzeigt.

Ich will jetzt nicht jammern,
hab es selbst mir gewählt,
mein neues Zuhause das mir leidlich gefällt.
Die Gülle ist Gold wert, auf dem Bauern sein‘ Acker,
doch ich atme Luft ein und halte mich wacker.

Die Luft ist geschwängert mit Düften vom Schwein,
die strömt in mein Haus durch die Ritzen herein.
Ich bin es gewohnt, mir fällt es nicht auf,
doch macht mich manch Besucher
aufmerksam drauf.

Wenn wieder im Frühjahr
die braunen Fluten schön fließen,
dann sieht man die Pflanzen
aus dem Dung heraus sprießen.
Sie wachsen voll Nahrung, ganz üppig und groß,
dann ist für den Bauern die Ernte famos.

Die Pflanze dient meistens
schlussendlich dem Schwein,
die mext man bei der Ernte in die Silos hinein.
Davon gibt man den Schweinen
das Futter zum Fraß.
Das ergibt wieder Stunk, das finde ich krass.

Ich kann es nicht ändern, auch wenn ich das will.
Seit ewigen Zeiten ist am Land so das Spiel.
Der Bauer schafft den Dünger, er ist zu beneiden,
doch ich als der Schreiber muss die Düfte erleiden.

Bauer bleib sesshaft

Ein Bauer ist sesshaft, was ihn hält ist sein Feld,
das bedeutet ihm mehr,
als ein Kunstwerk und Geld.
Dort baut er sein Körnchen, dort isst er sein Brot,
dort frönt er sein Leben, so lang bis er tot.

Doch hat sich die Spezies seit einiger Zeit
von der Sesshaftigkeit gewissermaßen befreit.
So trampt er zum Nachbarn
und noch einiges weiter.
Er bliebe zu Hause, das wäre gescheiter.

Was ich hier mit Worten so habe verbreitet
und als Gleichnis dem Leser hab untergebreitet,
das ist heute ein Faktum, er sitzt nicht mehr still.
Heut geht er ins Ausland, ob er muss oder will.

Heut geht er ins Ausland,
um sein Glück dort zu suchen,
weil er ist in dem Irrtum, dort sei größer der Kuchen.
Dort sei billig das Leben und die Arbeit sei wenig.
Er ist in dem Glauben, dort sei er der König.

Dort werkt er auf Zeit, weil die Frist ist beschränkt.
Er ist nicht Besitzer, obwohl er das denkt.
Dort feilscht er um Preise und ist irritiert,
wenn er als der König seine Krone verliert.

Er macht noch so weiter, weil zu stark ist die Macht,
die ihn hat zu der Überlegung gebracht:
Geh in das Ausland, dort musst du nichts tun,
gleich kannst du zu Hause dich am Sofa ausruhn.

So beutet er aus, was ihm nicht gehört,
doch hat das den Bauern kaum jemals gestört.
Nach diesem Gerede, nun mein Resümee:
Bauer bleib sesshaft, in heimischer Näh.

Brüssel, Brüssel, Ungeheuer
niederschmetternd, furchtbar teuer.
Die Methoden sind dort unerhört,
weil den Gewinn vom Bauern zehrt.

Rettungsversuch

Ich bau zu Haus noch Körnchen an,
so frei und gut ich eben kann.
So werk ich halt von früh bis spät
weil es am Land nicht anders geht.

Mein Boden ist Versuchslabor,
dort hör ich hin mit meinem Ohr,
nehm auf den Duft von frischer Scholle,
setz dann ein, das Korn, die Knolle.

Sobald es keimt, was ich gesetzt,
seh ich sie schon, bin groß entsetzt,
es quillt hervor aus allen Poren.
So ist die Aussaat schon verloren.

Die Schneckenplage ärgert mich.
Ein Misserfolg nur unterm Strich,
weil schneller als ich schauen kann,
sind schon meine Pflänzchen dran.

Ich wach schon nachts in meinem Garten,
dort will ich auf das Übel warten,
doch geht nicht gut, was ich geglaubt,
weil Warten mir die Nerven raubt.

Was hab ich alles ausprobiert.
Auch Geld hab ich schon investiert
und meine freie Zeit geht drauf,
doch ich geb und geb und geb nicht auf.

Ich schieb solang noch nächtlich Wache,
für die eine große, hehre Sache:
Ich rette schon zu frühen Stund,
meine Pflänzchen vor der Schnecke Mund.

Folgenschwerer Irrtum

Bauer sein ist heute schwer,
er ist nicht mehr sein eigener Herr
und glaubt er es, dass er es sei,
so ist das Selbstbeschwindelei.

Wie er sich schindet, wie er rackert
und was er sät und wie er ackert,
wie er sich müht, von früh bis spät,
mit dem Traktor, dem Gerät.

Er ist Besitzer vor Gericht,
doch Eigentümer ist er nicht.
So schafft der gute, brave Mann
und ihn schaffen immer andere an.

Der Umstand ist nun kein Gerücht.
Er ist der Eigentümer nicht.
Auf dem Boden, wo er rackert,
hat er für andere umgeackert.

Ob er begreift oder auch nicht,
er hält es weiterhin als Pflicht
und ist die Arbeit noch so schwer,
schafft er, als ob er Eigentümer wär.

Wann kommt er auf den Umstand drauf?
Wann geht für ihn der Vorhang auf?
Bis zum Zeitpunkt, wo nun dies geschieht,
er für andere die Furchen zieht.

Ein Mittelding

Ein Bauer hier im kleinen Ort,
ein Bauer in der Ferne dort,
sind zwei Bauern in demselben Sinn.
Es sind beide in den Fesseln drin.

Bauer sein ist längst kein Job.
Für die Arbeit kriegt er nie ein Lob,
auch heimst er Prügel manchmal ein.
Ich möchte heut kein Bauer sein.

Ist sein Feld nur dreimal vier,
nicht größer als von da, nach hier,
so hungert er jahraus, jahrein.
Ich möchte nicht solch Bauer sein.

Hat er viele Felder an der Zahl
und größer sind sie hundertmal
und Vieh und Pferd und Schwein und Huhn,
so hat er mannigfach zu tun.

Er lebt zwar nicht von Hand in Mund,
doch allzu viel ist ungesund
und will er mal zum Stammtisch gehn,
so wird er gleich scheel angesehn.

Hier sitzen sie nicht seinesgleichen.
Sie wollen ihm die Hand nicht reichen,
denn wer Land hat wie ein Königreich
der ist verdächtig somit gleich.

Somit sind beide Außenseiter.
Der eine ist ein Hungerleider,
der zweite schwimmt im Überfluss
und beide ernten nur Verdruss.

Wie er ist und was er macht
hat meistens Ärger ihm gebracht.
Nicht zu klein und nicht zu groß,
doch wie findet er das Mittel blos?

Klinisch reine Gartenerde

Eine Bäuerin, mir gut bekannt,
kam kürzlich zu mir angerannt.
Zum Sprechen war sie aufgelegt,
doch das Thema hat sie aufgeregt.

Ihr Hochbeet war sonst klinisch rein,
nun nahm sie es in Augenschein.
Jetzt, Regenwürmer dort und hier
und allerlei noch Kleingetier.

Sie war entsetzt und sehr besorgt,
wo ich ihr doch den Dung besorgt.
Nun war die Erde nicht mehr rein,
die Früchte drinnen nicht mehr fein.

Nun zog Chemie sie in Erwägung.
Ich stoppte barsch die Überlegung.
Was hat die Bäurin einst gelernt?
Wie weit ist sie davon entfernt?

Was hat die Werbung ihr vermittelt,
dass sie Leben dort bekrittelt?
Solch Gedanken sind nicht unbekannt.
Gute Nacht, du lieber Bauernstand.

Ablöse

Ist der Bauer alt und krank
und nicht verpfändet bei der Bank,
so war sein Leben eine Zier.
Es war nicht sein Los, die Hast, die Gier.

Er hat drauf geschaut, was ihm gehört
und Schulden haben ihn gestört.
So sitzt er nun betagt und krumm,
auf der Bank vorm Haus nur so herum.

Dort lässt er seinen Blick nun schweifen.
Er kann sein Leben nicht begreifen.
Wie viele Jahre darf er zählen?
Jetzt muss er wohl den Abgang wählen.

Wie war er einst so voller Kraft,
hat auf dem Hof auch angeschafft
und selber nahm er sie zur Hand,
die Arbeit, auf dem Bauernland.

Jetzt sitzt er da, ganz klein und zahm
und seine Flügel sind schon lahm.
Sein Weib ist fort, schon längst gestorben,
das hat die Freude ihm verdorben.

Ein junger Bauer führt den Hof.
Die neue Zeit bringt neuen Stoff
und Sorgen sind genug im Haus.
Die Arbeit geht am Hof nicht aus.

So sitzt der Bauer, alt und krank,
wohl nimmer lang auf seiner Bank,
weil alles was da geht und steht,
auch am Hof einmal zu Ende geht.

Das Lagerhaus

Es wächst das Heu, es wächst das Korn.
Der Bauer sieht nur mehr vorn.
Bis zum Schneiden, bis zum Spritzen,
bleibt er nicht mehr ruhig sitzen.

Den Traktor raus, die Gülle dran,
dass auf dem Feld was wachsen kann.
Dass es nicht riecht, man sich beschwert,
doch das dem Bauern wenig schert.

Die dumpfe Brühe muss aufs Feld.
Das Aussaatkorn ist schon bestellt
und Vertilgungsmittel stehn zu Hauf
im Lagerhaus schon zum Verkauf.

Das ist die Zunft die ihn berät,
ob nun mit Traktor, mit Gerät,
ob nun mit Dünger für das Korn.
Der Bauer sieht nur mehr nach vorn.

Das ist sein Haus, dort kauft er ein.
Es könnt für ihn nicht besser sein.
Das Lagerhaus sorgt für und für.
Mit ihm wohnt er gleich Tür an Tür.

Und ist das Lagerhaus einst aus,
so stürzt es ein, das Bauernhaus
und die Maschinen stehen still,
weil der Bauer nicht mehr leben will.

Bis zum Schluss

Setzt ein Bauer sich zur Ruhe hin,
so ist die Ruh in seinem Sinn
doch bringt sie ihm nicht den Gewinn,
deshalb ist sie nicht im Plan darin.

Obwohl er ständig überlastet
von einem Feld zum andern hastet,
sieht er nicht ein, dass dies zur Not
auch führt zu einem frühen Tod.

So treibt es ihn nur weiter schier.
Die Triebkraft ist nicht nur die Gier,
es ist auch Überlebensstrategie.
Kaum schafft er alles irgendwie.

Er legt sich neue Arbeit zu.
Mit der Arbeit ist er noch per Du,
vergisst sein Ziel, baut auf die Zunft,
die treibt ihn zu der Unvernunft.

Weil viel ist viel und mehr ist mehr,
deshalb muss neue Arbeit her.
Wie er sie schafft ist ungewiss.
Sie bringt neuen Stress nur überdies.

So dreht das Rad sich weiter fort.
Sein Leben läuft nur im Akkord,
bis hin zum Tod, bis hin zum Schluss,
wo er dann alles lassen muss.

Ich wein ihm nach

Ein Bauer schlachtet einst ein Schwein,
denn Fleisch sollt auch am Hofe sein.
Es war gut genährt und stark gewichtig,
beides war dem Bauern wichtig.

Da lag es nun das arme Schwein,
bald wird es nicht erkenntlich sein,
weil alles, bis zum letzten Gramm,
dem Bauern stets zur Nutzung kam.

Nicht der kleinste Rest war da verloren.
Das Schweinchen, als es frisch geboren,
bis hin zu seines Lebensende,
lief es umsorgt durch Bauers Hände.

Einen Zeitsprung mach ich jetzt fürwahr
und überspringe manches Jahr,
bis in die Zeit von jetzt und heute.
Wie machen es die Bauersleute?

Ein Schwein steht heut im Massenstall,
heut gilt dasselbe überall.
Braucht er Fleisch, dann kauft er es.
Vom Fleischhof holt er es indes.

Dort wird das Schwein auch noch zerlegt.
Wie das geschieht, es mich erregt,
als ob es nicht um Leben ging.
Was man verwendet, ist gering.

So verändert sich der Bauernstand.
Es gibt nicht Fleisch aus erster Hand.
Der Bauer ist nicht mehr vom Fach.
Wie er einst war, ich wein ihm nach.

Forstwirtschaft

Schlägt ein Bauer Bäume um,
die dort stehen, grad und krumm,
so tut er meistens seine Pflicht.
Er macht es zum Vergnügen nicht.

Mit Säge, Beil mit Keil und Kraft
hat er manch Bäume schon geschafft.
Auch Vorsicht nimmt er mit zur Hand.
Das ist der Job im Bauernstand.

Einzeln nur und mit Bedacht,
hat er die Arbeit stets gemacht,
weil wie ein Baum, der Bauer stand,
einst eingefügt im Bauernland.

Wie er einst schnitt, wie er sich regte,
wie er den Baum zu Bloch zerlegte,
wie er auch die Äst verheizte,
nicht weil er mit dem Holz so geizte.

Nachhaltigkeit war sein Bestreben,
wie alles sonst in seinem Leben,
denn auch jeder Schnitt und Hieb
in seinem Kopf gespeichert blieb.

Wie es so ging, ist längst vorbei.
Bauer sein ist zweierlei.
Forstwirtschaft ist auch die Pflicht,
doch schlägt er selbst die Bäume nicht.

Die Arbeit machen nun Maschinen.
Sie sind es die den Menschen dienen.
Die Arbeit war wohl schrecklich schwer,
doch ich trauere um die Zeiten sehr.

Bauernschläue

Bauersmann und Bauersfrau,
beide sind vom Leben schlau,
denn die Schläue ist dafür Garant,
für Speis und Trank und für Gewand.

Legt der Bauer mal die Schläue ab,
dann geht es mit ihm steil bergab,
ansonsten rettet er sich fort.
Bauernschlau mit einem Wort.

Geht ihm einmal das Gerstl aus,
hat er nicht Geld in seinem Haus,
dann fällt ihm sicher etwas ein,
was ihm behilflich könnte sein.

Die Schläue ist sein ganzer Stolz,
ist viel mehr wert als Eichenholz.
Auf diese Schläue baut er auf
und mancher kommt ganz hoch hinauf.

Ist oben er in lichter Höh,
duldet niemand er in seiner Näh,
weil selbst ergattert, aufgebaut,
auch von anderen Bauern abgeschaut.

Sollt es ihm einmal nicht gelingen,
dass ihm die Schläue Geld wird bringen,
dann leidet er gar schrecklich Not,
Kurzum, dann ist der Bauer tot.

Mein Bauerntraum

Ich bau mir selbst ein Bauernhaus.
Seh ich dann wie ein Bauer aus?
Wohl keineswegs, zu keiner Zeit,
weil hin zum Bauern ist es weit.

Ich könnt so tun, als wär ich einer,
ein ärmlich, hungernd, dürstend, kleiner,
auch einen großen könnt ich mimen.
Doch wird dies Tun sich auch nicht ziemen.

Ich hatt zwar Haus und Hof und Stall
und von den Maschinen einen Schwall
und die Kleidung könnt ich auch noch kaufen,
dann könnt ich wie ein Bauer laufen.

Was mach ich dann, was mach ich blos?
Wann geht die Arbeit richtig los?
Ist krank mein Vieh, ist es gesund?
Pfleg ich die Kuh wie meinen Hund?

Fragt wer um Rat, was soll ich sagen?
Sollt ich erst einen Bauern fragen?
Was mach ich blos, was fang ich an?
Nicht halb bin ich ein Bauersmann.

Ich lass den Schwindel, schwenke ein,
so kann ich nie ein Bauer sein.
Ich müsst erst in die Lehre gehen,
dann könnt ich als Bauer weitersehen.

Erntedank

Bauer drisch den Hafer aus,
bringt die Ernte ein ins Haus.
Sorg für Speise und für Trank
denn schon bald ist Erntedank.

Sei nicht säumig, gib nicht Ruh.
bald schneit es die Felder zu.
Hast Vorrat du an Holz und Heu
und für den Stall darin die Streu?

Wenn du die Arbeit hast bestellt,
ist Ruhe auch in deiner Welt,.
Längst ist es nicht, wo denk ich hin,
im Bauernhaus noch Ruh darin.

Weil Stallarbeit ist jeden Tag
und viele andere Müh und Plag.
Die Tierwelt bringt dir Sorgen voll,
denn du musst sorgen für ihr Wohl.

Bist du zu spät, schreit schon das Vieh,
das weckt nicht deine Sympathie.
Deshalb noch zeitig, mach es schnell,
am besten, mach es auf der Stell.

So ist dein Tag ein Dauerlauf.
Wie schnell du läufst, das Um und Auf.
Brems dich nicht ein, bleib niemals stehen,
sonst kannst du als Bauer baden gehen.

Rätselraten

Wie heißt die Zunft, die hier beschrieben?
Von Vielen wird sie ernst gemieden.
So mancher macht den Bogen rum,
doch nennt er es sein Eigentum.

Er schindet sich und müht sich ab,
bis in sein kühles Grab hinab.
Er rackert wie ein Esel hart,
in Vergangenheit, in Gegenwart.

Er hat nicht frei den langen Tag,
auch quälen ihn manch Müh und Plag.
Sollt ich die Arbeitszeit erkunden,
gilt seine nicht nur in acht Stunden.

Trotzdem fühlt er sich als frei,
als ob sein eigener Herr er sei.
Macht alles nur aus eigener Kraft
und niemand hat ihn angeschafft.

Jetzt seh ich mal genauer hin.
Da ist der Wurm im Handel drin.
Von Freiheit war bei ihm die Rede,
in Wirklichkeit fehlt ihm auch jede.

Auch schaffen ihn, ich will es erklären,
die Arbeit an, die hohen Herren.
Aus Brüssel kommt so mancher Schock.
Er selbst geht schon am Krückenstock

Wie heißt die Zunft, die so bedrängt,
die gefesselt ist und eingeengt
Ich sag es euch, ihr seht es ein,
das kann doch nur ein Bauer sein.

Sein Testament

Bauer mach dein Testament,
mit Riesenschritten naht dein End.
Der Handel schlägt dich kurz und klein.
Niemand kann noch Bauer sein.

Die Nahrung kommt aus der Retorte,
dort wählt man aus, sich manche Sorte.
Dort kriegt man sie nun schon als Brei,
mit Geschmacksverstärker, glutenfrei.

Vom Mac bis hin zum feinsten Döner
wird von Tag zu Tag das Essen schöner,
als Babynahrung fein passiert
und im Einwegbeutel gut sortiert.

Wozu braucht man den Bauernstand.
Er gibt die Nahrung aus der Hand.
Wer es nicht schafft, dass man ihn braucht,
der hat sein Wirken ausgehaucht.

Ich mein es gut mit dieser Zunft,
Ich will Bauer sein, sagt die Vernunft,
doch die Praxis sagt ein anderes Wort:
Der Bauernstand ist hin und fort.

Er will es noch nicht eingestehen,
doch lassen wir die Zeit vergehen,
es renkt sich alles selber ein,
dann will niemand noch ein Bauer sein.

Die Entscheidung

Als Hänschen noch ein Junge war,
war seine Welt noch wunderbar,
doch schnell verändert sie sich schon,
für den Hans, nun als den Bauernsohn.

Sein Traum war für ihn ausgeträumt,
das Ziel für ihn schon eingeräumt;
Alles was der Hans nicht schafft,
ist verloren für die Bauernschaft.

Des Nachts war er im Element,
wie das wohl jeder Junge kennt.
Morgens hielt der Schlaf ihn nieder
und dieser Krampf kam immer wieder.

Ein Bauer, der zu Träumen neigt,
ein Bauer der nicht Willen zeigt,
ein Bauer der die Zeit versäumt,
der hat als Bauer ausgeträumt.

Bekennt er sich zu seiner Schwäche,
gewinnt er gleich auf ganzer Fläche,
weil ein Bauer ohne Willenskraft,
hat als Bauer meistens nichts geschafft.

Darum Hänschen zeig was du dir denkst,
wohin du deine Schritte lenkst.
Dass deine Wünsche Regeln sind,
bevor zu viel der Zeit verrinnt.

Der Bauernstand

Schlag fünf Uhr bin ich aufgewacht,
da hat manch Bauer schon geschafft.
Weil so ein braver Bauersmann,
auch in der Nacht nicht schlafen kann:

Da kalbt die Kuh, da wirft das Schwein,
auch oft bei Nacht im Lampenschein.
Da hilft er nun mit Rat und Tat,
was er an Wissen intus hat.

Mit der Hilf ist er sogleich zur Stelle,
Die gute Hilf ist meist die schnelle,
denn immerhin bei Schwein und Rind
auch ähnlich stark die Wehen sind.

Ich gönn ihm seine nächtlich' Ruh,
sonst schafft er gleichsam immerzu.
Schwein und Rind sind unbestimmt
und keines auf ihn Rücksicht nimmt.

Er teilt die Zeit nicht selbst sich ein.
Wer Zeit einteilt sind Rind und Schwein.
Freude herrscht in seiner Wohnung,
es gibt junges Leben als Belohnung.

Wenn ich noch schlaf ist er schon auf,
das ist des Bauern Tageslauf.
Die Beschwernis hat er nicht gemieden
und sich für den Bauernstand entschieden.

Zeitenwandel

Bauer spann den Wagen an,
damit man ihn beladen kann.
Stell vorne hin den besten Knecht,
der nicht immer rasten möcht.

Dazu ein Pferd, gesund und groß,
ein richtig starkes Bauernross
und Stricke, Ketten um zu binden
und einen Baum zum niederwinden.

Auch Mägde brauchen wir geschwind,
die alle immer fleißig sind,
mit Gabeln, Rechen, alt und neu,
dann bringen wir die Fuhre Heu.

Das war so anno dazumal,
da gab es Mägde ohne Zahl.
Pferd und Wagen und Gesind,
heute nur noch Mangel sind.

Heut macht man Heu im Hand umdrehen.
der alte Mensch würd nicht verstehen,
dass einer nur, am hohen Ross,
das Heu einbringt, mit dem Kolos.

So verändert sind die Zeiten heute
und mit den Zeiten auch die Leute.
Das kann der Alte nicht verstehen,
weil alles muss heut schneller gehen.

Hofübergabe

Ist der alte Bauer tot,
verdient der Junge schon sein Brot
und werkt am Hof, von früh bis spät,
so lang es dort nicht anders geht.

Doch neuer Bauer, neues Blut,
frische Kraft und neuer Mut -
Nun sind die Regeln außer Kraft,
so wie der Alte hat geschafft.

Maschinen her und Pferde raus.
Er baut sich neu das Bauernhaus,
auch den Stall muss er erneuern,
Er muss nun in die Zukunft steuern.

Die Bank greift ihm nun unterm Arm
und hält ihn kurz und hält ihn warm,
damit er seine Zinsen zahlt,
so lang es eben möglich, halt.

Die Tilgungsfrist ist ein Problem,
der Schuldendienst nicht angenehm.
Am alten Satz zahlt er noch immer,
doch wie es kommt, es kommt noch schlimmer.

Die Vorsicht wär der Weisheit Kern.
Ein Unglück ist nur selten fern
und neue Mittel braucht er gleich.
Die Bank rät ihm nun zum Vergleich.

Die Schulden weg, der Hof dahin.
Das ist zwar nicht in seinem Sinn.
Nun hält die Bank die Finger drauf.
Das war eines Bauern Lebenslauf.

Zeitvertreib

Sucht sich ein Bauer eine Frau,
dann schaut er oft nicht so genau.
Eine Frau muss her und das geschwind.
Kein Hindernis ist auch ein Kind.

Nimmt er die neue Frau ins Haus,
schaut das Leben anders aus.
Ist sie nur schön, doch nicht vom Fach,
dann ist nicht weit, der erste Krach.

Er kann mit Sex die Falten bügeln
und muss nicht seine Triebe zügeln,
doch nicht immer ist die Arbeit nett,
wie im Bauernhaus im Himmelbett.

Er schaut noch weg, doch insgeheim
hat er sie nicht in seinem Heim,
dass sie sein Bettchen nur behütet.
Die Ausnahm´ ist, sie ist begütet.

Doch meistens sucht sich solch ein Weib
am Bauernhof den Zeitvertreib.
Die Arbeit ist sie nicht gewohnt,
auch ist zu seicht ihr Horizont.

Nun Bauer hast du viele Sorgen.
Das Problem ist nicht zu End´ noch morgen,
denn morgen und die weitre Zeit
sucht deine Frau den Zeitvertreib.

Für die Katz

Ein Bauer ging einst zum Notar,
was er dort wollte, war nicht klar.
Er wollte seinen Hof vererben,
weil er schon lange dacht' ans Sterben.

„ Notar mach du mir einen Text,
weil was ich schreib klingt wie verhext,
hat keinen Anfang und kein Ende,
dazu hab ich zwei linke Hände.

Mein Hof ist groß, auch ist er reich,
kein anderer ist dem meinen gleich.
Es sind alles schöne Sonnenlagen.
So wie es ist, muss ich es sagen.

Und was noch gilt, bevor ich sterbe,
er ist immer schon Familienerbe.
Jetzt habe ich hier ein Problem,
die Wahrheit ist unangenehm.

Auf meinem Hof da stehen Rinder,
doch weder Frau, noch hab ich Kinder.
Der Zustand macht mir Unbehagen.
Wie soll ich handeln, möcht ich fragen?

Mit mir geht es dem Ende zu,
bald schließ ich meine Augen zu.
Mein Leben scheint wohl nicht geglückt.
Der Name ist's, was mich jetzt drückt.

Wo nehm ich einen Erben her,
ja dieses Fakt bedrückt mich sehr.
Seit Jahrhunderten hieß er wie ich,
so soll es bleiben, sicherlich.

Auch hielt zusammen ich den Grund,
war wenig krank und meist gesund.
Von morgens sich die Hände regten
bis sie müde in den Schoß sich legten.

Da war nicht Zeit für ein Gespuse,
schon gar nicht war es für die Muse,
nur hatte ich das eine Ziel:
Verdiene Geld und das recht viel!"

Der Notar durchbrach den Redeschwall.
„ Du warst der Knecht in deinem Stall.
Was du geschafft mit Müh und Hatz,
ist hier nicht wichtig, ist für die Katz."

Des Bauern Pfand

Mit den Texten und Gedichten,
will ich nicht den Bauern richten.
Ich zeig nur auf, was ich so kann,
zeig auf den braven Bauersmann.

Er ist der Fels in jedem Land,
dort führt er Hof mit starker Hand
und ist der Hof erst hoch verschuldet,
wird er nicht länger dort geduldet.

Denn jede Bank ist drauf erpicht,
dass dort ihre Karte sticht,
weil Grund und Boden sind das Los.
Die Freude drüber ist recht groß.

Einst hat sie Geld ihm vorgestreckt,
hat Zinsen dafür eingesteckt
und Sicherheit wurd ihr gewährt.
Die Tilgungsfrist ist längst verjährt.

So greift die Bank mit starker Hand
danach, was einst der Bauern Pfand
und rechnet nach, was er versäumt.
Nun hat der Bauer ausgeträumt.

Jetzt ist er blank und ohne Dach.
Die Bank treibt es so tausendfach.
Sie frisst ihn auf mit Haut und Haar
und nimmt das Letzte ihm sogar.

Was ich jetzt sag, ist nicht so schlecht,
es trifft manch Bauern auch mit Recht:
Hast du kein Geld, leih nicht zu viel,
treib nicht zu toll, das Schuldenspiel.

Bau Vorsicht an auf deinem Feld,
dann hast du es ganz gut bestellt.
Häuf nicht an zu große Schulden,
sonst musst den Schaden du erdulden.

Was er mit Müh hat aufgebaut,
das hat ihm Brüssel ab geklaut.
Er verdient kein Geld und keinen Stein.
Heut kann kein Mensch mehr Bauer sein.

Der hektische Bauer

Bäurin setz den Braten auf,
gib noch etwas Schmalz darauf.
Salz und Knoblauch mit hinein
und in das Backrohr mit der Rein.

Der Bauer kommt vom Feld gleich heim,
der wird schon ziemlich hungrig sein.
Stell ihm den Krug mit Most dazu,
dann hat er erstmal seine Ruh´.

Ist er dann satt, dann räum den Tisch,
geh kurz ins Bad und mach dich frisch,
denn nach der schweren Arbeitszeit,
hat er ganz gern die Zweisamkeit.

So war es nie, so könnt es sein,
doch spielt die Zeit nicht mit hinein,
weil hektisch ist der Bauer heute
und hektisch sind auch alle Leute.

Ich frage jetzt, was ist der Grund,
Ist der Bauer heut nicht mehr gesund?
Was treibt den braven Bauersmann
zu all der Hektik immer an?

Es treibt ihn so im Sog dahin,
weil der Bauer ist im Trubel drin,
daraus kann er sich nicht befrein.
So muss er weiter hektisch sein.

Biologisch

Bio, bio, biologisch.
Bio ist nicht immer logisch.
Bio bringt dem Kunden mehr,
doch tut auch oft noch Schwindel her.

Wie „bio“ ist nun das Produkt
das der Konsument so schluckt
und ob er die Gewissheit hat,
dass ehrlich ist das Resultat?

Der Produzent es „Bio“ tauft.
Der Konsument auch „Bio“ kauft,
doch in der Packung, immerhin,
die Massenware steckt darin.

Der Handel seinen Umsatz steigert.
Solang der Kunde nicht verweigert,
kauft die Katz im Sack für teures Geld,
solang wird das nicht abgestellt.

So ist die Schiene lang und breit.
Mit Ehrlichkeit ist es nicht weit.
Die Nachfrag‘ teuert das Produkt,
auf das der dumme Kunde guckt.

So ist nun mal das Resümee.
Bio ist auch oft ein Schmäh,
doch liebe Leute kaufet ein,
es kann nicht alles Schwindel sein.

Kirtag

Kirtag ist im Bauernland.
Dieser Brauch ist gut bekannt.
Da ist das Festzelt rammelvoll.
In Strömen fließt der Alkohol.

Die Musik spielt dazu einen Marsch,
da dreht sich mancher lahme Arsch.
Auch manche junge Bauerndirn,
will erstmals einen Tanz probiern.

So nimmt der Kirtag seinen Lauf.
Der Bauer setzt noch einen drauf,
dass er auch nicht auf Trank verzichtet.
So wird am Land der Brauch verrichtet.

Ist der Bauer dann am Abend blank,
am nächsten Morgen müd und krank,
das Börsel ist zur Gänze leer.
So geht der Brauch, so ungefähr.

Doch mancher Mensch sieht das nicht ein,
wie kann er so besoffen sein,
dass er nicht mehr die Heimat kennt
und in die falsche Richtung rennt.

Von mir aus kann oft Kirtag sein.
Mich ladet niemand dazu ein.
Ich halt mich dran zu jeder Stund.
Zuviel Alkohol ist ungesund.

Der Bauernstolz

Gar heftig ist der Bauernstolz
und hart ist er wie Eichenholz
und lang lebt er im Land schon fort,
gar rücksichtslos an manchem Ort.

Verwurzelt ist er tief und fest
was den Bauern auch nicht wanken lässt.
Weil Brauch ist Brauch und Holz ist Holz,
doch noch wichtiger ist Bauernstolz.

Lässt er davon erst einmal ab,
dann geht es mit ihm steil bergab,
dann verliert er eben seinen Halt,
ist der Bauer fort, in der Gestalt.

Mit Stolz baut er sein Bauernhaus
und stolz schaut er zum Fenster raus,
mit Stolz zieht er die Tracht sich an,
damit er noch mehr stolz sein kann.

So werkelt er mit Stolz dahin,
denn der Stolz beflügelt seinen Sinn.
Er lässt keinen Menschen an sich ran,
der nicht wie er, so stolz sein kann.

So ist die Spezies unter sich.
Es ist bedenklich, sicherlich,
dass er weiterhin den Stolz bewirbt,
bis der Bauer dann vor Stolz ausstirbt.

Der Unterschied

Ein Bauer mit dem dicken Bauch
das war einmal ein schicker Brauch.
Heut ist der Bauch nicht mehr gerecht,
da niemand einen Bauch mehr möcht.

Die Nase hoch, der Wanzen voll,
das war vom Wohlstand das Symbol.
Darauf war einst der Bauer stolz,
das war mehr wert als Geld und Holz.

Ein Unterschied von einst und jetzt.
Der Bauer so sein Zeichen setzt.
so war es Brauch, ich sag es, leider,
alles andere waren Hungerleider.

Gestorben ist schon lang die Zunft
von Übermaß und Unvernunft,
von Sklaverei bis zum Exzess.
Heut geht es anders auch, indes.

Heut ist der Bauer groß und stramm,
er ähnelt einem Eichenstamm
und sein Gemüt ist gut und weich
und einfühlsam und einfallsreich.

Wie ich ihn nenn, so hätt ich gern,
dass sie so sind, die Bauernherrn,
doch gibt es auch in dieser Zunft,
auch heute noch die Unvernunft.

Der Spieler

Bauer lass das Kartenspiel,
denn du verlierst das Maß und Ziel,
bist so gefesselt und verwirrt.
Dass du gewinnst, hast dich geirrt.

Die Kumpane lachen dich schon aus.
Geh besser gleich du jetzt nach Haus,
so rettest du noch deine Habe.
Das Kartenspiel ist Teufelsgabe.

Wenn du glaubst, dass du gewinnst,
ist das ein großes Hirngespinst.
Das Unglück beutelt dich noch her.
Bald sind deine Taschen leer.

Denk an den Hof, die Frau, das Kind,
die ohne dich verloren sind,
doch verloren bist auch scheinbar du.
Eine Kuh hast du verspielt im Nu.

Wie sagst du es nun deiner Frau
oder sagst du es nicht so genau?
Doch wenn die Kuh im Stall nicht steht,
dein Bauernglück in Brüche geht.

Darum rat ich deinem braven Weib:
Such einen neuen Zeitvertreib,
weil ein Spieler nicht mehr auf dich hört,
denn ein Spieler ist vom Spiel betört.

Das Schicksal

Ein Keuschler traf den Bauersmann.
Der Keuschler war recht arbeitsam.
Der Bauer war aus anderem Holz.
Zur Arbeit war er viel zu stolz.

Der Keuschler regte selbst die Hand.
Der Bauer war wohl bei Verstand,
doch er rief den Knecht, er rief die Magd.
Die Arbeit hat er angesagt.

Eines Tags sind beide fort.
Der Bauernhof ein öder Ort.
Der Bauer regt selbst keine Hand,
das wär nicht recht für seinen Stand.

Es zog ins Land, der Krieg, die Not
und beide kämpften für ihr Brot.
Der Keuschler leidet drunter sehr,
doch der Bauer hungert doppelt mehr.

Wie es die Zeit so mit sich bringt,
wie sie auch einen Bauern zwingt,
so dass er ohne Magd und Knecht,
bescheiden lebt, mehr schlecht als recht.

Der Hof war schon in kurzer Zeit,
nur mehr ein Ort der Einsamkeit.
Kein Knecht und keine Magd im Haus
und der Bauer schaut zum Fenster raus,

Nun trafen sich die Beiden wieder,
Wie senkten sie die Köpfe nieder.
Was hat beiden wohl die Not genutzt?
Den Bauern hat sie arg gestutzt.

Dass du Arbeit machst hat viele Gründe.
Verlass dich nicht auf deine Pfründe.
Denn ob man arm ist oder reich,
das Schicksal hobelt alle gleich.

Bauerngeschichten

Die Bauerngeschichten,
wie ich sie begreif,
sind traurig und lustig,
sind ulkig und steif.
Es sind dies Geschichten
aus verschiedener Zeit.
Sie erzählen von Leichtsinn,
von Frohsinn und Leid.

Sie erzählen vom Schicksal
der Bauerngemeinde.
Oft wird der Bauer
sich selber zum Feinde.
Sie handeln vom Wohlstand,
den der Bauer erstrebt,
davon hab ich Vieles
auch selber erlebt.

Vom Wohlstand als Bauer
hab ich Abstand genommen.
Was ich einst verloren,
hab ich doppelt gewonnen.
Deshalb schreibe ich leichter,
über die betroffene Zunft.
Ich streb nicht nach Reichtum,
mein Gewinn ist Vernunft.

Des Bauern Trost

Des Bauern Lohn, des Bauern Trost,
war oft sein eigener Apfelmost.
Davon trank er gern und trank er viel,
auch manchmal über jedes Ziel.

Wurd von der Sonne er gebraten,
dann war er meistens schlecht beraten,
wenn er zum Kruge griff und ihn stürzte,
was zwar seinen Durst verkürzte.

Doch die Geister die im Most sich fanden,
ihm Füße und die Zunge banden,
so dass er nur mehr kindlich lallte,
bis es im Keller widerhallte.

Das Brunnenwasser trank er nie.
Das Wasser war nur für sein Vieh.
Damit wusch er sich eventuell,
recht spärlich manchmal sein Gestell.

Wenn er den Keller meist verließ,
war er beschwipst, schon überdies,
so dass sein Weib sich für ihn schämte,
was wiederum den Bauern grämte.

So baute sich die Stimmung auf.
Oft war das so, der Tageslauf.
Zu groß der Durst, zu heiß der Tag
zu schwer die meiste Bauernplag.

Der Bäuerin nervt der alte Trott.
Sie sang das Lied ihm noch im Spott:
Zuviel vom Most, das macht dich dumm,
drin geht ein böser Geist herum.

Ausgleich

Wie verändert sich das Bauernland,
von erster bis zur zweiten Hand.
Wenn der Alte noch die Hebeln hält
und der Junge schon das Feld bestellt?
Beim Alten reicht die Kraft nicht aus,
er sitzt nur mehr im Bauernhaus.

Der Junge setzt nun seine Kraft,
zur Gänze ein, dass er was schafft.
Das ergibt nicht immer Harmonie.
Oft fehlt auch noch die Sympathie,
doch das Werkel muss betrieben sein,
sonst stellt der Schlendrian sich ein,

Wird die Spannung stärker Tag für Tag,
dass der Junge nicht mehr schaffen mag,
bis ihn der Bauernhof verdrießt,
wo der Alte noch die Zeit geniest.
Zahn in Zahn und Hand in Hand
glückt Arbeit nur im Bauernland,

Zu keiner Zeit glückt sie noch ganz,
wenn übernimmt die Diskrepanz.
Der Alte bringt sein Wissen ein,
damit kann er behilflich sein.
Ist der Junge mit der Kraft zur Stelle,
ist es das Beste, auf alle Fälle,

Gemeinsam sind sie beide stark,
Gehirnsubstanz und Rückenmark.
Wo dem Alten nicht die Kraft mehr reicht,
es der Junge mit den Muskeln gleicht.

Der Durst

Wenn der Durst den Bauern quält,
dann ist das Eheglück vergällt.
Dann ist die Frau nur zweiter Rang,
denn zum Stammtisch ist nur noch sein Drang.

Dort schlürft er eifrig Gerstensaft,
der gibt dem Bauern neue Kraft,
dann wird er keck und wird gescheit.
Die Fahne riecht man meilenweit,

So tritt er dann den Heimweg an,
so lang er halt noch gehen kann.
Nun schwankt er wie ein Halm im Wind,
der keinen Halm zum Stützen find.

Die Last ist groß, der Durst noch grösser.
Was er jetzt tut, das scheint ihm besser.
Zurück, zurück zum Wirtshaus hin,
dort sitzen noch die Kumpel drin.

„ Hallo, hallo, komm her geschwind,
komm her wo deine Freunde sind.
Ein großes Bier für den Genossen,
einen starken Korn noch rein gegossen.“

Nun wirkt erst recht der starke Geist,
dass es den Bauern wieder schmeißt.
Nun lallt er leise nur mehr blos:
„ Der Durst, der Durst, der ist so groß!“

Sperrstunde

Im Wirtshaus ist der Teufel los,
der Wirt verdient, der Durst ist groß.
Die Bauern sitzen um den Tisch.
Die Krüg` sind voll, das Bier ist frisch.

So kann der Abend nun beginnen.
Zu schnell wird wohl die Zeit verrinnen.
Zu kurz ist immer nur die Frist,
weil bald wieder Sperrstund ist.

Da rinnt das Bier die Gurgel runter,
Manch harter Schnaps ist auch darunter,
Da wird gezecht, auf frischer Tat.
So geht ein Spruch: Wer hat, der hat.

Ist Sperrstund schon, ist Mitternacht,
hat manchem einen Rausch gebracht
und mancher ist schon übervoll.
Der Bauer treibt es manchmal toll.

Der Wirt wirft nun die Bande raus.
Nun machen sie sich auf nach Haus,
Einer torkelt, einer wankt,
ein anderer kriecht, ein vierter schwankt.

Doch alle sind sie voll im Saft,
beinah die ganze Bauernschaft.
Sie sind des Landes schönste Zierde,
in Suff und Laster und Begierde.

Hier schwenk ich ein, so ist es nicht.
Ich stell ihn nun ins rechte Licht.
Nur einzeln gibt es ihn besoffen.
Dass es so bleibt, das bleibt zu hoffen.

Naturgewalten

Wolken türmen sich zu Hauf
zu einem großen Ganzen auf
und es verdichten sich geschwind,
was jetzt noch Wolkentürme sind.

Die Blitze zucken wie verwirrt
und ein Flieger durch den Trubel irrt.
Verloren scheint er im Gewühl.
Jetzt stürzt er ab, sagt mein Gefühl.

Doch kommt er nun schon wieder blank
hervor aus einer Wolkenbank
und verschwindet kurz noch mal darauf.
Er nimmt sein Schicksal selbst in Kauf.

Die ersten Tropfen fallen flach,
auf unser altes Scheunendach.
doch wird es stärker schon geschwind,
so dass es wie ein Sturzbach rinnt.

Der Sturm setzt ein und treibt die Gischt,
dass es nur faucht und es nur zischt,
reißt von den Bäumen das Geäst,
es auf der Straße liegen lässt.

Mit Fantasie hab ich bemerkt
wie die Natur nun mal so werkt.
Der Mensch ist schwach, dagegen klein,
er kann ihr nicht ein Gegner sein.

Das Wunschziel

Ich bin ein Bauer, wohlgestallt,
an Gehirn und Knochen bin ich alt.
Meine Zeit läuft langsam fort von mir.
Mein Weg ist aus, von da, nach hier.

Wie es mich drückt auf mein Gemüt,
was mir noch in der Zukunft blüht.
Das alles ist ein schweres Los
und meine Pflicht ist noch so groß.

Ich lad sie ab die ganze Last,
schieb weg von mir die Müh und Hast
und auch das ganze rundherum,
leg ich auf junge Kräfte um.

Doch sind junge Kräfte nicht in Sicht.
Meine Pflicht wird sich verändern nicht.
Ich trag sie weiter meine Last
und auf mein End bin ich gefasst.

So wie es diesen Bauern ging,
so ist die Zahl nicht so gering,
die ähnlich in die Zukunft gehen
und diese äußerst trübe sehen.

Legt der alte Bauer zeitgerecht,
an wen er möcht und wie er möcht,
die Last auf junge Schultern drauf,
dann geht für ihn das Wunschziel auf.

Im guten Glauben

Wie sollt den Bauern ich beschreiben,
sollt er uns in Erinnerung bleiben?
Ich fang mal an bei der Figur,
doch gibt es halt nicht einen nur.

Verschieden sind sie alleweil,
auch in der Form, der größte Teil.
Von Grund auf ist er bärenstark,
doch im Alter ist er meist ein Wrack.

Meist ist er auch noch ziemlich groß
und mancher ist auch einfallslos.
Weil er so viel nach Bräuchen schafft
vergeudet er auch seine Kraft.

Die Tugend wollt ich noch beschreiben,
doch muss ich ein Urteil schuldig bleiben.
Er macht fast alles, weil er muss,
nicht macht er Arbeit mit Genuss.

Die Ehrlichkeit liegt mir im Sinn,
doch wenn ich selber ehrlich bin,
will ich nicht drüber schreiben,
muss auch das Urteil schuldig bleiben.

Die Beschreibung fällt doch mickrig aus.
Was habe ich gelernt daraus?
Willst du im guten Glauben sein,
dann ordne nicht den Bauern ein.

Des Bauern Reich

Wie fühlt sich an des Bauern Reich?
Es ist nicht hart, es ist nicht weich,
von allem ist ein Stück darin.
Der Bauer sieht sein Glück in ihm.

Er kennt meist nicht die große Welt.
Er kennt auch nicht das große Geld,
doch Arbeit hat er wohl zu Hauf,
drauf baut er seine Mauern auf.

Daran werkelt er dann Tag um Tag.
Das Werk bringt ihm auch Müh und Plag,
doch ist das Werk in seinem Sinn,
bis oben an die Gleiche hin.

Hat er die Mauern aufgestellt,
dann ist darinnen seine Welt,
mit Fenstern zwar, mit Tür und Tor,
doch kommt er selten nur hervor.

Was draußen ist, das regt ihn nicht.
Was drinnen ist, ist seine Pflicht.
Dran hält er fest, so lang es geht,
so lang halt seine Mauer steht.

Stürzt seine Mauer einmal ein,
so wird er auch verloren sein,
denn ein freies Feld, so rund herum,
das bringt den stärksten Bauern um.

Der Bauernsegen

So sagt ein alter Bauernsegen;
„Sich mühen und die Hände regen,
mit dem bringt es der Bauer weit,
in guter und in schlechter Zeit.“

Es ist normal, wenn er sich regt,
wenn er am Hof etwas bewegt,
weil Stillstand bringt ihn nur in Not
und manchem auch den frühen Tod.

So ist der Bauer nur am Rennen.
Er wird kaum einmal Ruhe kennen
und wenn er ruht, ist er noch wach.
So ist er fest in seinem Fach.

Der Bauernsegen treibt ihn an,
so dass er kaum noch ruhen kann.
Seinen Job nimmt er oft gar zu schwer.
Es treibt den Bauern hin und her.

Mal rennt er los, mal steht er still.
Er macht nicht immer was er will.
So dreht er sich im Kreis herum,
das macht den Bauern krank und krumm.

Ein Segen ist der Segen nicht,
weil der Segen jede Regel bricht.
Darum Bauer, nütze deine Frist,
damit du lang gesegnet bist.

Der globale Bauer

Ich schreib es in mein Stammbuch rein.
Nie möchte ich ein Bauer sein,
nicht gestern, morgen und nicht jetzt.
Was ich erfuhr, ich bin entsetzt.

Es gibt nicht Schutz für unsere Bauern.
Der Politik ist nicht zu trauen,
nur Floskeln zieren ihren Tag.
Der Bauer kommt um den Ertrag.

Ob der Bauer die Verträge kennt,
das ganze Kürzelregiment?
Das Glück schickt man aus Übersee.
Das Glück des Bauern ist ein Schmäh.

Der Bauer soll die Hände regen,
nur der Konzerne Vorteil wegen,
weil sie auch unsere Märkte wollen
und sie daraus den Vorteil holen.

Wie einen Ball schupft man ihn her.
Der Bauer ist kein Freier mehr.
Man schließt ihn in Verträge ein,
so wird er nur ein Diener sein.

Hände weg vom Bauern sein,
Die viele Müh bringt auch nichts ein,
nur Arbeit, Sorgen, Frust und Qual,
dafür ist der Bauer schon global.

Der Egoist

Der Bauer hat ein großes Herz
darin verbirgt er Angst und Schmerz
und Bitternis und trüben Sinn,
die zeigt er auch nicht außen hin.

So trägt er meist mit rundherum,
einen schweren Sack der Last mit um.
Der Sack bleibt auch fest zugeschnürt,
dass ja kein anderer daran rührt.

Sein Leben lang gibt er nicht Ruh,
gibt neue Lasten noch dazu.
Sack auf, Sack zu, so immerfort,
frisch reingestopft, mit einem Wort.

Bis hin zu seinem Lebensende,
dann kommt für ihn die große Wende.
Der Sack ist voll, nichts geht mehr rein.
Das kann doch keine Lösung sein.

Er gibt nichts ab von seinen Sorgen,
Vielleicht wird besser es schon morgen.
Wenn nicht morgen, etwas später.
Er ist sich selbst ein Übeltäter.

Nur selbst allein die Lasten tragen.
Wer kann mir helfen, niemals fragen.
Weil so gestrickt der Bauer ist,
ist er sich selbst ein Egoist.

In Massen denken

Einst war ich der Masse Knecht,
war fehl am Platz, tat ihr nichts recht,
für sie war ich der Fußabstreifer.
Das ist vorbei, jetzt bin ich reifer.

Wie komm ich dazu, dass ich das sag?
Ich tat Jahrzehnte lang so manche Plag.
Nach bestem Wissen sollt es sein,
doch mein Gewissen war nicht rein.

Massenhaft hab ich studiert
und massenhaft es ausprobiert.
In Massen hab ich auch erzeugt
und den Massen hab ich mich gebeugt.

Wer den Wunsch der Massen spürt
und wem der Ruf der Massen rührt,
dass er nur für die Massen schafft,
dessen Ich ist abgeschafft.

Die Gesellschaft ist mir jetzt egal,
ich mach nichts mehr, wie früher mal
und leist mir nicht noch einen Zwang,
nach diesem Schritt, dem Neuanfang.

Jetzt kenn ich Massen nur von fern
und Massen hab ich gar nicht gern.
Die Masse macht die Menschen dumm.
Ich lieb das Individuum.

Der unglückliche Hahn

Ein Hahn kräht munter und noch froh,
wie es bei allen Hähnen so.
Frühmorgens sein Organ erschallt,
dass es beim Nachbarn widerhallt.

Was der gute Hahn nicht weiß,
sein Gekrähe hat auch seinen Preis,
bringt Unmut in die Nachbarschaft,
was böses Blut schon wieder schafft.

Ein Hahn am Land, er weiß es nicht,
weil Krähen ist halt seine Pflicht,
das macht er auch so gut er kann,
das ist nicht gut für jedermann.

Sein Organ, laut durch die Straßen gellt
und er auch keine Sperrstund hält.
Was geschieht im schönen Österreich?
Ein Hahn muss in den Zapfenstreich!

Wie einst schon lang vor Jericho,
vielleicht geschieht es ähnlich so
und Scheiben klirren, Mauern schwanken.
Wer weist den Hahn in seine Schranken?

Doch Eichfeld ist nicht Jericho
und die Mauern sind nicht ebenso.
Des Hahn Gekrähe ist zu laut
und die Mauern sind auf Sand gebaut.

Wertverlust

Einst baute ich ein schönes Haus,
wie eine Villa sieht es aus.
Als Wertanlage war's gedacht,
hat mir auch viel der Müh gemacht.

Hab dran gebaut und dran geschliffen,
wie oft hab ich dahin gegriffen.
Als Wertanlage war's gedacht,
das hat die Hoffnung stark gemacht,

dass ich im Alter, für den Fall,
nicht heute noch, doch später mal,
mein Häuschen bringe an den Mann,
sprich, es dann gut veräußern kann.

Die Zeit hat ihre eigenen Regel.
Man setzte mir vor, manchen Kegel
und manches Hindernis noch hin,
dass ich zerstört am Boden bin.

Wie das so kam, das wollt ihr wissen?
Die Wirklichkeit die möcht ich missen.
Man baute frech und baute je,
einen Schweinestall in meiner Näh.

Der Stall gedieh, war groß und größer.
Die Schweinemast lief immer besser.
Vom Stall her zogen Wolken auf
und türmten sich gar hoch hinauf.

Zum Stall dazu noch die Essenz.
Mich hat betäubt die Pestilenz.
Die Luft war täglich angeschwängert.
mein Leidensweg damit verlängert.

Mir zum Fleiß und mir zum Dank,
ist Tag für Tag nur noch Gestank
und ein Betrieb, man soll's nicht glauben,
der kann den letzten Nerv mir rauben.

Weil ich die Zeit nun reif schon fand
und ich im hohen Alter stand,
wollt noch einst in meinen Tagen,
noch einen großen Schritt ich wagen.

Ich bot mein Haus nun zum Verkauf,
mit allem Drum und Um und Auf,
doch der langen Rede kurzer Sinn,
es stand nun im Geruchskreis drin.

Was ich mit aller Müh und Macht,
im Lauf der Zeit zu Weg gebracht
und Hoffnung hegte ich darauf,
jetzt stand mein Haus zum Ausverkauf.

Ich bin nun doppelt angeschmiert,
bin arg betrogen und blamiert.
Was ich als Wertanlage sah,
das steht nun unverkäuflich da.

Keinen Käufer find ich für mein Haus.
Es sieht nach einem Reinfall aus,
weil man Luft noch nach der Reinheit misst
und Gestank noch keine Tugend ist.

Ist ein Vertrag die Schrift nicht wert
der den Reichen neues Geld beschert,
der bei Bauern Not und Ängste schafft.
Der Dumme ist die Bauernschaft.

Gratis Beigeschmack

Man spielt mir einen Schabernack,
es gibt Wasser nur mit Beigeschmack.
Was anderswo den Preis vermehrt,
ist in diesem Falle umgekehrt.

Der Beigeschmack ist gratis drin,
denn getrunken wird es ohnehin.
Die Zeit wo das von statten geht,
bei mir rot im Kalender steht.

Jetzt ist die Zeit schon nicht mehr weit,
denn bald ist wieder Güllezeit,
da wird der Boden angereichert
und die Gülle wird am Grund gespeichert.

Alles Wasser, das man trinkt,
nun auch nach Gülle etwas stinkt
und der Beigeschmack ist gratis drin,
denn getrunken wird es ohnehin.

Zur Gewohnheit wird nun der Geschmack,
zur Gewohnheit auch der Schabernack.
Es schmeckt alles gleich in großem Rund.
Der Beigeschmack ist auch gesund.

Wird damit die Pflanze aufgeladen,
kann es dem Menschen auch nicht schaden
und der Beigeschmack ist gratis drin,
denn getrunken wird es ohnehin.

Der Alptraum

Es wächst so schön in meinem Garten.
Eine Spanne Zeit muss ich noch warten,
bis ich ernte meinen Preis,
hab ihn verdient durch meinen Fleiß.

Nun türmt sich auf das Wolkenmeer.
Es zieht zu meinem Garten her
und dunkel schon der Himmel braust
und schrecklich wüst der Sturm schon zaust.

Ich bin verschreckt, mir wird ganz bang,
denn verdächtig ist der Donnerklang.
Nun stellt der Regen sich auch ein.
Es wird doch nicht ein Hagel sein?

Umsonst ist meine Fragerei.
Jetzt ist auch Hagel schon dabei.
Der Regen nur mehr sachte döst.
Der Hagel hat ihn abgelöst.

Ich bin entsetzt, was mach ich nur?
Warum ist bös so die Natur?
Ich hab bei Tag und in der Nacht
stets meinen Garten gut bewacht.

Hab ihn mit Sorgfalt auch gepflegt.
Hab Salat und Bohnen drin gehegt
und meine Sorgfalt galt auch schier
dem Krabbel- und dem Kriechgetier.

Nun ist der Traum wohl ausgeträumt.
Der Hagel hat ihn ausgeräumt
und meinen Garten leergefegt
auf den ich so viel Wert gelegt.

Die Natur stellt hiermit mir ein Bein,
denn alles wird jetzt anders sein.
Zu früh gefreut, zu stark gehofft,
denn unverhofft kommt oft.

Im Delirium

Neulich fahr ich so dahin,
nichts Schlechtes ist in meinem Sinn.
Das Fahrrad ist meist mein Begleiter,
mit einem Wort, mein Wegbereiter.

Die Sonne scheint mir auf die Haut,
hat gute Stimmung aufgebaut
und ein Lüftchen noch darüber streicht.
Zur Glückseligkeit mir das gereicht.

Was gut ist, auch nicht lange währt,
ein Unglück mir bald widerfährt.
Was nicht erwünscht, das trifft jetzt ein.
Es wird nicht ganz alltäglich sein.

Ein Ungetüm am Ackerried,
vor mir dort seine Bahnen zieht.
Es sprüht und zischt zum Gotterbarmen,
mit dickem Bauch und langen Armen.

Für den Leser, der nicht aufgeklärt,
der solche Worte nie gehört,
nun die Erklärung zu dem Ding.
Fast ist mein Wortschatz zu gering.

Ein Bauer spritzt mit dem Gespann
mit der Traktorspritze hinten dran,
ein Giftgemisch, es wär nicht Not,
was nicht erwünscht, den schnellen Tod.

Wie ich das Lüftchen hab begrüßt,
wie es mir hat die Fahrt versüßt,
es trägt ins Gesicht mir das Gebräu,
als ob es warmer Regen sei.

Nur einen Zug, ich geb mir Mühe!
Im Gesicht hab ich die nasse Brühe
und auf dem ganzen Körperrund,
was ekelhaft und ungesund.

Ich halt die Luft an, kann nicht pusten.
In meiner Not muss ich schon husten.
Noch einen Zug, dann kipp ich um
und bin schon im Delirium.

Wie geht sie aus, nun die Geschichte?
Was angesprüht, das ist zunichte.
Ich leb zwar noch, doch irgendwie,
ist sie dahin, die Sympathie,

für ein Ungetüm am Ackerried,
das vor mir die Bahnen zieht,
das sprüht und zischt zum Gotterbarmen,
mit dickem Bauch und langen Armen.

Global vernetzt musst heute sein,
dann wird die Welt ganz winzig klein,
doch Bauer bleib auf deinem Grund.
Global ist äußerst ungesund.

Chemie, Chemie

Wo ist die Zeit, wo Ochs und Pferd
noch mit bestimmt den Einheitswert?
Der Bauer konnt nicht hoch hinaus,
weil der Dung kam immer hinten raus.

So war der Bauer ganz beflissen,
auf den Dung war er stets angewiesen
und das Produkt vergrämt ihn nie,
was fallen ließ, das liebe Vieh.

Wie hat er einst der Tiere Fladen
auf einen Wagen aufgeladen
und ausgestreut und hingebreitet,
das Feld zum Pflügen vorbereitet.

Wo viel Dung war, war auch gutes Feld,
das gab reiche Ernte, brachte Geld.
Im Hof hat oft der Dung gelegen,
das war ein Haufen voller Segen.

Heut kommt der Bauer auf dem Land,
ganz aus schon ohne Viehbestand.
Solch einer ist ein ganz Bequemer,
möchte sagen, ist ein Unternehmer.

Er muss nicht sorgen für ihr Wohl,
er hat damit nicht Ställe voll,
dafür Freizeit übers halbe Jahr.
Wie ist das Leben wunderbar.

Nur Chemie, Chemie, wohin man schaut.
auf Chemie wird alles aufgebaut.
Ein Bauer nur mit Feldwirtschaft,
der Industrie viel Freude schafft.

Der Schneckenfluch

Mein Garten ist mein Königreich,
er ist nicht vorn, nicht hinten gleich,
es wächst so ziemlich durcheinand.
Was drin gedeiht ist allerhand.

Bis all die Pflanzen endlich sprießen,
lässt sich darauf viel Mühe schließen
und andererseits macht manch Getier,
mir Gegnerschaft, mal dort, mal hier.

Was dort so kriecht zur nächtlich‘ Stund,
ganz heimlich übers Gartenrund
das ist für mich fürwahr kein Segen.
Nun muss ich meine Hände regen.

Auch Schnecken sollen mal nicht leiden,
doch muss ich ihre Ankunft meiden,
weil meine Mühe andererseits
umsonst und unnütz ist bereits.

Ich trag zum Nachbarn sie ganz nett
und leg sie in sein Gartenbeet,
dass sie nicht hungernd sterben müssen
und nicht entbehren den Genüssen.

Das mach ich nicht, sonst gäb es Zoff
und für die Zeitung gäb es Stoff.
Doch was mach ich mit dem Schneckenfluch?
Das schreib ich nicht in dieses Buch.

Befehlsempfänger

Einst war der Bauer untertan,
hat nur dem Herrn die Pflicht getan.
Musste Robot schinden, Zehent richten,
wie es so steht in den Geschichten.

War kein freier Mann, war Untertan,
hat kaum jemals selbst sich recht getan,
wie uns künden die Berichte,
aus Vergangenheit und der Geschichte.

Der Grundherr hat ihn drangsaliert,
bevor Eigentum war eingeführt.
Dem Herrn zu dienen galt die Kraft,
das hat manchen Knecht dahingerafft.

Wo steht er heut, in unsrer Zeit?
Des Bauern Freiheit ist schon weit,
moderne Knechtschaft ist die Norm.
Was ihm gehört, ist nur pro Form.

Wer dieses liest, kann es erklärn,
des Bauern Freiheit liegt schon fern.
Was er erkämpft ist längst dahin.
Befehlsempfang ist kein Gewinn.

Heut bittet er um Geld und Huld.
Dass es so ist, ist er dran schuld.
Befehlsempfänger ist er heut,
der moderne Bauer, unserer Zeit.

Selbst denken ist mal nicht bequem,
frägt in Brüssel an, was angenehm.
Dort sitzt ein Moloch ausgebreitet,
der des Bauern Arbeit vorbereitet.

Ich schreib es einfach so dahin,
auch wenn ich manchen „Freund“ los bin:
Der Bauer, der kein Rückgrat hat,
bleibt Befehlsempfänger in der Tat.

Und stützt weiterhin die Industrie,
mit Pflanzenschutz aus der Chemie.
Er wäre besser dran, er frönt ein Hobby,
als zu verwöhnen diese Lobby.

Ich war Bauer einst, mit Vieh und Korn,
doch hab die Freude dran ich bald verlorn.
Aus Brüssel kam das Regelwerk,
dem galt nicht mehr mein Augenmerk.

Ich war Bauer einst mit Fleiß und Freud,
zu Schweiß und Müh war ich bereit,
doch die Freiheit war mir eingeschränkt.
„Der Bauer schafft und Brüssel denkt.“

Befehl empfangen wäre leicht,
doch das ist nicht was mir „Bauer“ deucht.
War verloren gleich die Existenz,
das war dann wohl die Konsequenz.

Bauer sein war gleich vorbei,
doch hatt` ich beide Hände frei
und Neues ging ins Hirn hinein,
nahm Neues ich in Augenschein.

Leb heute frei von Korn und Vieh,
stütz nicht Konzerne mit Chemie.
Du, Bauer heute, schränk dich ein,
sollst nicht Befehlsempfänger sein.

Stell dich auf mit Mut und Mark,
dann bist du als Bauer wieder stark.
Lass ab vom Alten, fang vorne an,
dann bist du nicht länger Untertan.

Bauernstand ade

Ich komme auch vom Bauernstand.
Hab es erlernt aus erster Hand
und schon gekonnt in früher Stund,
doch lebte ich von Hand in Mund.

Was ich geschafft, war viel zu klein,
so musste ich zufrieden sein.
Mit Kuh und Schwein, mit Henne, Küken,
musste ich mich auch gehörig bücken.

Zu steil, zu schroff war unser Land,
Noch war der Fortschritt unbekannt.
Doch frisch geübt in langen Jahren,
hab ich den Fortschritt auch erfahren.

Ließ die Technik ich auch außen vor
und mein fleißig Knecht war der Motor.
Hab viel gelernt und andererseits
war ich enttäuscht von dem bereits,

was sich Wirtschaft nennt und Räder treibt.
Bald war ich drinnen einverleibt.
Ich tat es wie viele mit der Masse,
um das liebe Geld in meiner Kasse.

Am falschen Weg der Bauernstand!
Ich spürt in mir den Widerstand.
Mensch und Tier zahlten die Zechen.
Ich versuchte schon draus auszubrechen.

So wie es ist, geht Bruch auch schwer,
kein Geld im Sack, die Kassen leer.
Was ich erlernt, fiel mir dann ein.
Bald stand ich schon am zweiten Bein.

Heut seh ich was der Bauer macht,
wie sein Stand in allen Fugen kracht.
So mancher Traktor ist heut krank.
Die Medizin dazu hat nur die Bank.

Der Bauer hat dazu den Schlüssel,
doch was er tun darf, sagt ihm Brüssel.
Er agiert nur mehr in Brüssels Bann.
Der Bauer ist kein freier Mann.

Es müht sich mancher , fleißig sehr,
fährt mit dem Traktor hin und her,
ob der Winter kalt, der Sommer heiß,
so schafft er frisch und sucht den Preis.

Kein grüner Zweig und nicht Rendite.
Es verdient dran nur die Machtelite.
Macht bei der nächsten Wahl sein Kreuzchen hin,
nun hofft er auf den Neubeginn.

Verfluchen müsst er Kammern, Bünde,
dafür gäb es genügend Gründe.
Mein Bauernstand, du tust mir leid,
so geht's nicht fort in Ewigkeit.

Drei Joch nur und ein halb

Ich war einmal ein Bauernsohn,
mit Kuh und Schwein und Kalb.
Von meinen Eltern der Besitz,
war drei Joch nur und ein halb.

Dazu lag unser Gut auf einem Bergesrücken.
Um nicht zu hungern, war es Pflicht,
zu sorgen und zu bücken.
Sich zu bücken vor den großen Bauern,
was das Flächenmaß betrifft.

„Der große und der kleine Bauer"
das war nun mal verbrieft.
Die Not war groß im Elternhaus,
wir hatten keine Neider.
Oft hörten wir den schönen Spruch:
„Ihr seid nur Hungerleider!"

Ich will hier nicht beschreiben,
was viel später ist passiert,
doch hab ich in den Kinderjahren
Kraft zum Leben inhaliert.

Das ist es was auch haften blieb,
meinen Eltern sag ich Dank.
Als Kind war ich auch schmutzig oft,
doch kaum jemals war ich krank.

Aus der großen Not heraus
hab ich Sparsamkeit erlernt.
Von dieser guten Tugend
hab ich mich nicht entfernt.

Noch heute pflanz ich selber an,
was zur Nahrung mir gereicht.
So will ich es auch halten,
bis das Leben von mir weicht.

Was ich als Kind erlernen durfte,
begleitet mich noch täglich.
Was der Bauer heute treibt,
das nenne ich „ unsäglich“.

Er hat das Ziel verloren,
die Wurzel sind schon krank,
doch gibt es noch das Gegenteil,
auch heute, Gott sei Dank.

Der Bauer ist heut im Dilemma,
er ist nicht mehr sein Herr.
Gut dass ich nicht mehr Bauer bin,
denn heut Bauer sein ist schwer.

Wie ich als Kind einst Bauer war,
kann heute nicht mehr gelten.
Von meiner Sicht der Bauernschaft,
trennen uns schon Welten.

Weil ein Kürzel ist kurz
und kurz ist ein Kürzel.
Es ist beides nicht nötig,
wie beim Auto ein Pürzel.
Drum sag ich es kurz,
weil ich es kürzer nicht kann.
An kurz und an Kürzel
wird man zerbrechen daran.

Bauer sucht Frau

Ein Bauer sucht sich eine Frau.
Er ist zwar arm, doch ziemlich schlau.
Er sagt zu sich am stillen Ort:
„Sag nicht zu schnell das eine Wort.
Hab ich bei einer „ja“ gesagt,
bin ich bei andern nicht gefragt.

Ich hol mir nichts Fremdes in mein Haus.
Ich streck erst meine Fühler aus.
Was ich mir hol ins Bett herein,
soll extra gut beschaffen sein.

Rund herum ein rechtes Maß,
das ist das erste Ziel.
Vorne nicht zu wenig und hinten nicht zu viel.
Ich will sie vorher ausprobieren,
bevor wir uns versprechen.

Da will ich keine Zeit verlieren,
das ist doch kein Verbrechen.
Die Mitgift soll entsprechend sein,
so wie es sonst der Brauch.
Ein Koffer voller Bares,
ein Sparbuch ginge auch.

Auch soll sie nicht zu kleinlich denken,
sollt ich mal auswärts sein.
Wenn ich genug gefeiert habe,
komm ich schon wieder heim.

Sie soll andere Männer nicht betören,
allein nur mir soll sie gehören.

Eine Frage ist noch wichtig:
kann sie kochen, stopfen, braten?
Das vorher auch zu lernen,
wär sie ganz gut beraten.

Der Herr im Haus bin ich,
das merkt sie sicherlich,
schon nach den ersten Tagen.
da muss ich gar nichts sagen."

So sucht der Bauer weiterhin,
jeder Tag ein Neubeginn.
Trotz aller seiner Regeln,
der Erfolg stellt sich nicht ein.

Kein weiblich Wesen bleibt bei ihm,
der Bauer ist allein.
Der Bauer ist allein zu Haus,
kein Weib in seinem Zimmer.
Alle nehmen sie reiß aus,
der Bauer sucht noch immer.

Trifft sich ein junges Paar allein,
so will es für sich glücklich sein.
Die Zukunft liegt den Beiden vor
und öffnet ihnen Tür und Tor.

Sie gehn hindurch mit etwas Glück,
trifft sie auch mal ein Missgeschick,
zu zweit sind alle Hürden klein,
so werden beide glücklich sein.

Der schlaue Bauer

Es war einmal ein Bauer,
der war gar klug und witzig.
Auch liebte er den Streit,
sein Gemüt war eher hitzig.

Im Handeln war er ein großer Meister,
ihm zeigte keiner was.
Das brachte ihm auch viel Verdruss
und auch so manchen Hass.

Da kam des Königs Großwesir,
er trieb die Steuern ein.
Der Bauer war im Nehmen groß,
im Geben war er klein.

Da sprach der Großwesir zum Bauern,
er tat es schon im Zorn.
„Die Übersicht über deine Steuerschuld,
hast du wohl schon verlor'n.

Du bist bisher schon säumig,
den Preis von einer Kuh.
Das Geld, wenn du die Kuh verkaufst,
das bist uns schuldig du.“

Da war der Bauer erst mal still,
jetzt galt es nachzudenken.
Er wollte so viel Geld,
niemals dem König schenken.

Was mach ich blos, was mach ich blos,
mir fällt heut gar nichts ein.
Dass ich eine Kuh verschenke,
das kann es wohl nicht sein.

Da hatte er den Einfall,
doch sprach er nicht darüber.
Nun ging er auf den Marktplatz,
ins nahe Dorf hinüber.

Mit nahm er die Kuh am Strick,
auch zwei von seinen Hennen.
Heimlich hat er sich gedacht:
„Die sollen mich mal kennen.

Ich werd die Kuh verkaufen,
zum Preis vom Federvieh.
Die Hennen dann zum Wert der Kuh,
das klappt schon irgendwie.“

Am Marktplatz war die Hölle los,
die Leute wollten handeln.
Er stellte sich ganz außen hin,
um erst mal anzubandeln.

Dann schrie er in die Menge:
„Eine Kuh verkaufe ich,
zum Preis von meinen Hennen.“
Als die Leute das verstanden,
sah man sie zum Bauern rennen.

„Eines muss ich noch erwähnen,
falls sich wer interessiert,
dass für die Kuh und das Federvieh
zusammen wird kassiert.

Die Kuh zum Wert vom Federvieh
und wieder umgekehrt.“
Von solch Methoden bei einem Handel,
hat vorher niemand noch gehört.

„Für die Kuh verlange ich zwei Taler,
für die Hennen deren zehn.
Der Handel ist ganz einfach,
wollt ihr mich jetzt verstehn?

Einen Hacken hat die Sache noch,
das ist nicht weiter schlimm.
Ich verkauf die Tiere nur zusammen,
im Doppelpack darin.“

Die Händler sind gekommen
und haben ihn bestaunt.
Der eine hat dem anderen,
etwas ins Ohr geraunt.

Da sprach der Fleischermeister:
„Der Handel ist gemacht.
Dass wir uns da nicht einig werden,
das wäre doch gelacht.

Die zwölf Taler sind die Tiere wert,
komm her und schlage ein,

dann ist das Geld in deinem Säckel
und die Tiere sind schon mein.“

Gesagt, getan, der Handel galt
und beide waren froh.
„Weil wir hier gute Freunde sind,
darum machen wir das so:“

Der Bauer ging nun heimwärts,
er sich ins Fäustchen lacht.
Heut hat er dort beim Handeln,
ein großes Glück gemacht.

„Zwei Taler für die Kuh,
die soll der König haben.
Wieviel ich für die Hennen hab bekommen,
danach wird niemand fragen.“

Der Bauer hatte seinen Plan verfolgt,
er ist nicht abgewichen.
Er hat mit nur zwei Talern
seine Steuerschuld beglichen.

Den Preis von seiner Kuh,
wollte der Großwesir.
„Zwei Taler hab ich dafür erhalten,
nun gut, ich geb sie dir.“

Was man mit Grütze und mit Schläue
schon alles kann erreichen,
das hat der Mann hier aufgezeigt,
als Bauer, seines Zeichen.

Der Bauer und die Räuber

Es lebte einst ein Bauer,
der baute Kartoffeln an und Korn.
Doch jedes Mal zur Erntezeit,
war die Hälfte schon verlorn.

Denn dann kamen Räuber aus dem Wald
und nahmen sie ihm ab.
Über lange Zeiten, Jahr für Jahr,
sich selbiges begab.

Der Bauer war verzweifelt,
er hungerte dahin.
Auch Frau und Kinder hatte er
in seinem Hause drin.

Die Not war eingezogen,
seit dem die Räuber kamen
und Kartoffeln, Korn und Fleisch,
sich mit Gewalt stets nahmen.

Ratlos war der Bauer
und sah die Zeit mit Bangen,
wo die Räuber wiederum
nach seiner Ernte langen.

Sein Weib riet ihm nun folgendes:
„Mach einen hohen Zaun,
schaff an den schärfsten Hund,
dann kannst du leicht verteidigen,
dein Haus und deinen Grund.

Zur Not schaff eine Waffe an,
denn Notwehr ist erlaubt.
Die Wirkung wär entsprechender
als mancher Räuber glaubt.

Leg dich auf die Lauer,
wenn sie wieder hier erscheinen.
Die Räuber hätten leichtes Spiel,
würden sie wohl meinen.

Schieß dann einfach kreuz und quer,
schieß sie übern Haufen.
Dann könntest du auch sehen,
wie sie sich im Wald verlaufen“.

Der Bauer war ein Traumichnicht,
er hatte keinen Mut.
Er sprach zu seinem Weibe:
„Das geht wohl niemals gut.

Die sind doch in der Übermacht,
ich bin allein, dagegen.
Wenn ich die Räuber sehe,
kann ich mich nicht bewegen.“

So kam die Zeit der Ernte,
die Räuber kamen wieder.
Der Bauer hat sich nicht gewehrt,
der Mann war viel zu bieder.

Die Ernte weg, der Arbeit Lohn,
der Hunger stand im Haus.

Die Ernte, die so schwer erschuftet,
ging in den Wald hinaus.

So stell ich mir den Bauern vor,
der schreit: „Mir geht's nicht gut."
Der jammert wie am heißen Spieß,
doch nichts dagegen tut.

So ist das in der heutigen Zeit,
die Räuber sind präsent.
Sie nehmen was sie kriegen können,
sie machen kaum ein End.

Der Bauer starrt die Räuber an,
wie das Kaninchen meist die Schlange.
Mit seiner Gegenwehr, wartet er zu lange.
Die Räuber sind gut aufgestellt,
sie sitzen nicht im Wald.

Sie sitzen in Bürogebäuden,
in eines Beamten Drohgestalt.
Die Zeit hat nichts verändert,
der Bauer ist geduldig.
Er glaubt noch immer,
er sei den Räubern,
die halbe Ernte schuldig.

Bist du bestrahlt schon aus dem Äther.
Für das gibt es die Missetäter.
Es gibt nicht Schutz vor all den Strahlen.
Die Gesundheit muss dafür bezahlen.

Agrarwirtschaft

Der Bauer gibt Brot und das Fleisch auch dazu.
Die Arbeit ist reichlich, er hat keine Ruh.
Er pflegt die Äcker und Wiesen stets voller Bedacht
und seit jeher hat er selber seine Nahrung gemacht.

Doch vorbei sind die Zeiten wo der Bauer noch frei
auf seinem Hof sein eigener Herr er noch sei.
Wo er noch bestimmte, was in die Scholle er sät.
Ohne Weisung aus Brüssel, kein Tag mehr vergeht.

Den kleinen Strukturen macht man den Garaus.
Kein Knecht und keine Dienstmagd
ist da mehr zu Haus.
Nur groß und größer ist jetzt die Devise.
Die Preise im Keller, der Bauer steckt in der Krise.

In wahren Fabriken hält man die Tiere zu Hauf.
Kein Platz mehr zum Leben, fast obenauf drauf.
Die Menge schafft Money, das bringt noch Profit.
Der Bauer von früher, der kommt nicht mehr mit.

Die Tiere in den Fabriken, die werden geschunden.
Die Massentierhaltung wird kaum unterbunden.
Immer öfter sind Manager
in der Tierzucht am Werken.

Anstatt dem Landwirt den Rücken zu stärken
schaltet man in Brüssel die Ampel auf Grün
damit solche Agrarwirtschaftsbosse
über unsere Länder herziehn.

Der Landwirt, der Bauer nach landläufigem Sinn,
der hat keine Chance, der ist schon dahin.

Ich weiß noch, wie früher,
als ein Kind noch konnte ich sein,
bekam man noch Geld für ein fettes Mastschwein
und verkaufte der Vater auch einmal ein Rind,
das füllte die Kasse unseres Haushalts geschwind.

Für ein Ei bekam man beim Kaufmann ein Brot.
Man konnte somit leben von den Hühnern zur Not.
Was ich heute so sehe erfüllt mich mit Graus.
Ohne Förderung stirbt der Bauer,
es geht sich nicht aus.

Das Korn kommt von Farmen, groß wie ein Land.
Die spritzen vom Flugzeug aus, das ist mir bekannt.

Die Rinder auf den Weiden zu tausenden gleich.
Nur die Menge macht dort den Farmer noch reich.
Bei uns, der Landwirt nicht überleben mehr kann,
doch die Agrarwirtschaftsbosse verdienen daran.

Die Kuh, das Kalb, das Schwein.

Am Bauernhof, der Bauer stand,
er sah zum Stall hinein.
Alles was er drinnen sah,
war eine Kuh, ein Kalb, ein Schwein.

Der Bauer mühte sich am Hof,
jahraus und auch jahrein.
Seine einzigen Tiere waren:
Eine Kuh, ein Kalb, ein Schwein.

Der Bauer ging mal in den Wald hinein.
Da sind ihm nachgefolgt:
Die Kuh, das Kalb, das Schwein.

Der Bauer hat mal Geld gebraucht,
wie könnt es anders sein?
Da wollte er verkaufen:
Die Kuh, das Kalb, das Schwein.

Der Bauer lebte ohne Frau,
was wird ihm lieber sein?
Dreimal dürft ihr raten:
Die Kuh, das Kalb, das Schwein.

Weil er eine Frau nicht hatte,
hat er keine Kinderlein.
Dafür hat er in seinem Stall:
Eine Kuh, ein Kalb, ein Schwein.

Ist der Traktor veraltet
und der Pflug schon verrostet,
das ist kein Gewinn, weil alles nur kostet.
Ist der Bauer schon alt,
hat nicht mehr die Kraft,
dass er auf dem Hof die Arbeit noch schafft,

dann ist das wie Sterben,
im gebräuchlichen Sinn.
Im Sterben liegt auch noch immer Leben darin,
bis die Flamme erlischt, die das Dunkel erhellt.
Weh dir oh Bauer, du hast keinen Erben bestellt.

Der Bauernhof war desolat,
es regnete zum Dach hinein.
Da sind sie nass geworden:
Die Kuh, das Kalb, das Schwein.

Wenn der Bauer traurig war,
stimmte er ein Liedchen ein.
Es sangen mit dem Bauern:
Die Kuh, das Kalb, das Schwein.

Nun ist der Bauer alt geworden,
wer wird ihm behilflich sein?
Nur seine einzigen Freunde;
Die Kuh, das Kalb, das Schwein.

Wird der Bauer einmal sterben,
wird er begraben sein.
Dann trauern sie ihm nach:
Die Kuh, das Kalb, das Schwein.

Der Bauernhof steht verwaist nun da,
er ist ein ödes Heim.
Nun sind sie fortgezogen:
Die Kuh, das Kalb, das Schwein.

Ein Alptraum

Käm ich als Bauer auf die Welt,
mit Kuh und Schwein, mit Wald und Feld,
mit Kirschen– und mit Apfelbaum,
oh mein Gott, das wär ein Traum!

Ich müsst mich erst besinnen,
ob ich dem könnt entrinnen,
wo doch heut die Bauernschaft
es nur mit der Menge schafft.

Der Traktor ist zu groß für mich,
dazu das Feld zu klein.
Im Stall hab ich zu wenig Vieh,
da passt noch vieles rein.

Voll Steine ist mein Ackerried,
die Bäume stehn in Reih und Glied,
doch tragen sie kaum eine Frucht.
Was hab ich alles schon versucht:

Die Milch, die meine Kühe geben,
davon kann ich nicht weiter leben.
Der Schweinestall ist viel zu klein,
der bringt zum Leben auch nichts ein.

Im Wald stehn nur noch Strunk und Strauch
und an Maschinen fehlt es auch.
Auf Bio hab ich umgestellt,
damit hoffte ich aufs große Geld.

Doch Bio brachte mich nichts ein,
der Ertrag war dementsprechend klein.
Ich bin Bauer nun mit leeren Taschen.
Am großen Fest darf ich nicht naschen.

Muss sehen wie es andere richten,
muss heut und morgen drauf verzichten,
so nag ich fest am Hungertuch.
Mein Bauernhof ist wie ein Fluch.

Die Bauernschaft

Die Krönung jeder Bauernschaft,
liegt drin, was so der Bauer schafft.
Er sät das Korn, er pflegt das Feld,
mit Freude hat er es bestellt.

Er sieht, was aus der Erde sprießt.
Bei der Ernte dann der Kreis sich schließt.
Doch bald schon fängt der Zweifel an.
Hat er der Erde recht getan?

Hat er damit auch Mensch und Vieh
geschadet nur mit der Chemie?
Denkt er auch dran ans Kleingetier,
das kriecht und fliegt von dort nach hier,

oder steht sein Sinn nur nach Profit?
Nimmt die Natur er mit sich mit?
Du meine liebe Bauernschaft,
wohl sind die Zweifel angebracht.

Am Feld wird schon der Wind zum Sturm.
Längst krümmt sich dort kein Regenwurm.
Die Erde öd, kein Pflänzchen Klee,
Monsanto grüßt aus Übersee.

Die Saat die in der Erde steckt,
hat Pioneer stets vorgestreckt.
Der Bauer ist schon taub am Ohr
und Brüssel gibt die Richtung vor,
was angebaut wird zum Verzehr.
Sein eigner Wille gilt nicht mehr.

Wie ist die Zeit dahin gerafft,
mit ihr die liebe Bauernschaft.
Längst gab er seine Freiheit hin,
nur mehr Ertrag in seinem Sinn.

Er hat sich wohl zu tief gebückt.
Wird von Konzernen unterdrückt,
denen ist nichts wert der Bauern Stolz,
sie trachten nur nach Edelholz.

Nichts wert für sie der Bauern Sinn,
ihr einzig Wert: Gewinn, Gewinn,
Jetzt sag ich einen kecken Spruch,
dann ist dahin der ganze Fluch:

Betreibt Landwirtschaft nur mehr als Hobby,
dann ist umsonst die ganze Lobby.
Mach nicht um Nichts zu viel Geschrei,
dann hast du Herz und Hände frei.

Die bösen Geister

Die Zeit von einst ging Schritt für Schritt
und mit ihr ging der Bauer mit.
Was er geschafft war ihm viel wert.
Sein ganzer Stolz war Kuh und Pferd.
Gemächlich ging der Tag dahin,
es war auch manchmal Ruh darin.

Stress und Eile gab es nie,
das Maß der Zeit war nur sein Vieh.
So wie die Kuh, das Pferd es gab,
mal nur im Schritt, mal auch im Trab,
so teilte er die Zeit sich ein,
das galt für alle, Groß und Klein.

Doch spielt er bald mit neuen Karten,
der Fortschritt lies nicht auf sich warten.
Es kam der Strom und der Motor.
Der Aufschwung ging nun steil empor.
Er drosch sein Korn mit fremder Kraft,
die hat für ihn viel mehr geschafft.

Am Feld lief nicht mehr Kuh und Pferd.
Der Traktor war sein neuer Wert.
Zwar war die Leistung noch bescheiden
doch war der Bauer zu beneiden.
Jetzt war Kuh und Pferd im Ausgedinge,
weil mit Traktor alles leichter ginge.

Mit halber Kraft ging es indes,
mit Diesel und mit mehr PS.
Wieder ging die Zeit dahin.
Der Bauer steht im Taumel drin.
Jetzt ist der Traktor wie ein Haus,
sieht wie ein Ungeheuer aus.

Auf den Feldern, übergroß,
man fragt sich oft: Wie geht das blos,
da sind Maschinen ungeheuer,
furchterregend, sündhaft teuer.
Der Bauer heut, steht nur daneben,
sein Fuhrpark hat ein Eigenleben.

Er bewegt sich fort in stetem Trott,
wenn er nicht läuft, ist er bankrott.
So ist der Bauer Untertan.
Wer hat ihm das nur angetan?
War es vielleicht die eigene Schuld?
Was ihm gefehlt, war die Geduld.

Jetzt läuft er schneller als er möcht.
Ein bisschen Ruhe wär ihm recht,
doch er findet nicht den kurzen Schritt,
jetzt läuft er mit dem Traktor mit.
Oft fragt er sich: „Was mach ich blos?
Die Geister die ich rief, wie werd ich die nun los?

Grenzgänger

Der Bauer, der Bauer ist unsere Zier,
doch treibt auch so manchem die unsägliche Gier.
Hat er ein Gehöft, so handlich und fein,
kommt ihn in den Sinn: Es ist viel zu klein.

Was er auch gelernt in der Geographie,
sieht er seinen Hof nur als Ironie.
In Ungarn, Rumänien, nur anderswo halt,
da hat noch der Bauer die starke Gestalt.

Da zieht es ihn rüber, kein Halten gibt's mehr.
Ein bisschen nur ackern,
der Ertrag kommt schon her.
Die langen Wege zum Acker, nimmt er in Kauf.
Ohne den Zuschuss zahlt er heftig noch drauf.

Dass dort im Ausland er den Boden sich nimmt,
wo doch dieser dem heimischen Bauern bestimmt.
Dass er in dem Lande ein Fremder nur bleibt,
das hat er sich letztlich noch nicht einverleibt

Er wird dort beschimpft, als Räuber und mehr,
doch dient auch sein Handeln dem
Kleingrenzverkehr.

Was am Acker dort wächst,
ist längst noch kein Gold,
doch hat er sich alles aus dem Boden geholt.

Wenn ich dort wär Bauer, ich bedankte mich schön
und würd ihn schon helfen
über die Grenze zu gehn.
Das sind so Gedanken, über die Bauernschaft hier.
Noch halt ich den Bauern als unsere Zier.

Ist jemand betroffen, was ich da gebracht?
Es ist nicht so wichtig, ich hab´s nur gedacht
und denken ist frei, noch gibt´s nicht Zensur.
An die ich so denke, sind wenige nur.

Abgebaut

Ich leb in einem Bauernort,
dort klingt nicht ehrlich jedes Wort.
Ich hör zwar zu, denk mir dabei:
„Der redet um den heißen Brei!“

Da sagt` ich einst zu einem Mann,
so wie man es nur sagen kann:
„ Was spritzt du da für Zeugs dahin.
Das ist doch Gift, ich sicher bin.

Ist deine Arbeit dir nichts wert?
Was du da treibst ist ganz verkehrt!“
Da sagt er lächelnd, ganz vertraut:
„Auch dieses Gift wird abgebaut!“

Was neulich mir nur konnt passieren,
wird dir als Leser interessieren.

An einem Garten ich einst stand,
sah einer Arbeit zu, gespannt.

Ein Herr, mit einer Gartenspritze
verteilte Gift, in jede Ritze.
Ich sprach ihn an: „ Mein lieber Herr,
was du da machst, erstaunt mich sehr.

Ist das nicht Gift, auf Kraut und Bohnen?
Die Gesundheit wird es dir nicht lohnen!"
Da sagt er lächelnd, ganz vertraut:
„Auch dieses Gift wird abgebaut!"

Der Mais steht hoch, bald reift er schon.
Das ist der Arbeit guter Lohn.
Der Wurzelbohrer schleicht sich ein,
könnt für den Mais gefährlich sein.

Nun kommt ein Ungetüm zum Tragen.
Was ich da meine, wirst du fragen?
Auf hohen Rädern man es kennt,
versprüht es Gift, ganz vehement.

Und alle Lebewesen trifft
auch letztlich das entsetzlich' Gift .
Ich bin empört, ich bin erschreckt.
Ich frag den Mann, was er bezweckt?

„Denkst du an deinen Vorteil nur?
Hast du nicht Sinn für die Natur?"
Da sagt er lächelnd, ganz vertraut:
„ Auch dieses Gift wird abgebaut"

Der Sünder, der die Tat verbricht,
er nicht von einer Sünde spricht,

nur vom Vergehen, eventuell.
„Bau ab Natur und möglichst schnell.

Bau ab Natur, mit Regen, Wind.
Wir spritzen wieder Gift, geschwind.
Unser Gewissen ist beinahe rein.
Ein wenig Gift, was soll schon sein?“

So ist der Mensch, der Natur zum Trotz,
an ihrem Bein ein giftiger Klotz.
Sagt die Natur einst ganz zum Schluss:
„Es kommt, so wie es kommen muss!

Nun ist genug, dein schändlich Treiben
nur auf der Welt kannst du nicht bleiben.
So wie gewollt, schließt sich der Kreis!“
Die Natur gibt nun sein Leben preis.

Jetzt hat sich die Lage zugespitzt
das Gift hat er sich selbst gespritzt.
Was nun geschieht liegt auf der Hand,
nun sind die Gene außer Rand.

Lang hat der Mensch es arg getrieben,
ihm ist nur mehr der Tod geblieben.
Die Natur sagt lächelnd, ganz vertraut:
„Nun wird der Mensch auch abgebaut!“

Setz ein Pflänzchen ganz geschwind.
Beschütz es auch vor Sturm und Wind
und nenn es Hoffnung für dein Sein,
dann ist ein Stück der Zukunft dein.

Der Aderlass

Wie schmolz des Bauern Zeit dahin.
Nichts ist mehr in des Bauern Sinn.
Für ihn war arg der Aderlass.
Nun liegt er zitternd da und blass.

Für Zucht galt er und auch für Halt.
Schwarz war die Farbe, die Gestalt.
So schwarz war er wie die Partei,
die setzt er sich als Konterfei.

Und eingemeindet war er dort,
als Respektperson in manchem Ort.
Pfarrer, Bauer, Bürgermeister,
das hielt so fest wie Scheibenkleister.

Außerhalb von dieser Riege,
da war nicht Pferd, da war nur Ziege
und Hungerleider vieler seits.
Die Partei trug Schuld daran bereits.

Er hielt sich noch, in seinem Fall.
Noch war er Herr im Hof und Stall,
mit Zigarre, draus der fette Rauch
und die Uhrenkette um den Bauch.

Noch war er frei der Bauersmann,
doch die Raika hielt sich fest daran
und so mancher feister Bauernhappen
ging frank und frei in ihre Lappen.

Der Bauer war nicht mehr allein,
er wollte gut beraten sein.
Das taten sie um gute Pfründe,
die Bauernkammern und die Bünde.

Nun ist er schwarz und ausgebrannt.
Schwarz wird nun Türkis genannt.
Türkis ist nicht des Bauern Welt
und der Bauer liegt nun nackt am Feld.

Eines Bauern Leid

Ein Bauer klagt mir mal sein Leid:
Vorbei sei seine Jugendzeit,
sein Rücken schmerzt, er weiß nicht wie,
er fühlt sich schlechter als sein Vieh.

Sein Knie ist hin, er kann nur humpeln,
in den Gedärmen hört er rumpeln,
sein Rücken ist wie Stahl, so steif,
er wär schon für die Rente reif.

Auf seinem Kopf fehlt ihm das Haar,
wahrscheinlich kommt die Glatze gar.
Wie stark war einst sein rechter Arm,
jetzt ist er schwach, dass Gott erbarm.

Vorbei ist seine Jugendblüte
und die Potenz ist in der Tüte.
Nicht eine Frau sieht ihn mehr an.
So mies und arm ist er schon dran.

Weil er mir nun sein Leid geklagt
und alles von der Seele sagt,
hab ich auch Mitleid mit dem Mann.
Doch ob ich ihn noch helfen kann?

„Nimm kaltes Wasser auf dein Bein,
dann wird der Schmerz vergessen sein.

und danach setz dich auf das Rad,
das hilft auch immer in der Tat.

Ist das nicht Hilfe für dein Knie,
dann hast du meine Sympathie.
Versuch es erst einmal mit Laufen,
dann kann die Lunge besser schnaufen.

Deinem Rücken kann ich nun empfehlen,
du musst nur eine Nummer wählen,
dann kommt die Hilfe gleich ins Haus.
Zieh vorher deine Wäsche aus.

Die holde Maid wird dich massieren,
dabei sollst du dich gar nicht zieren.
Nimm ein paar Scheine gleich zur Hand,
hier hilft dabei nicht der Verstand.

Nach dieser Kur bist du wie neu,
als ob es nochmals Frühling sei.
Merk dir die Nummer von der Maid
und ruf sie an, sei so gescheit."

Wer nicht wagt....

Ein Bauer hatte es nicht leicht,
da sprach er einst: „Genug, es reicht.
Heut hau ich einmal auf den Putz,
heut denk ich nur an Eigennutz."

Gesagt, getan, er stieg ins Kleid,
dem Steireranzug, grün und weit.
So flog er ab mit seiner Puch,
um seinen Hals ein Seidentuch.

Mit Vollgas in die nahe Stadt,
die so viele rote Lichter hat.
Ein bisschen Mut und Zuversicht,
denn gewinnen kann ein Feigling nicht.

Dort sah er schon ein rotes Licht,
dort ging er rein, das stört ihn nicht.
Die Luft war dick in dem Gemäuer,
das Gläschen Sekt war sündhaft teuer

und sündhaft auch das Ambiente.
Nun hatte er schon feuchte Hände
und einen Kloss im Hals darinnen,
doch ein feiger Mensch kann nicht gewinnen.

Nun sah er sich erst einmal um.
Er sah nur Frauen rundherum,
sie alle waren ziemlich nackt.
Er sah die Welt nur mehr abstrakt.

Wie es so ist in dem Gefilde,
das Bäuerlein war nicht im Bilde,
was hier so Brauch in diesem Haus.
Die Frau zog ihm die Hosen aus.

Das war nun neu für diesen Mann,
doch man sich dran gewöhnen kann.
Für ihn gab es nun kein Entrinnen,
doch ein feiger Mensch kann nicht gewinnen.

Dienstleistung nennt man sowas heut,
noch unbekannt beim Bauersleut.
Er ließ es zu, weil ungewohnt
und diese Frau es gut gekonnt.

Wie jedes Glück ein Ende hat,
so auch beim Bauern, in der Tat.
Nun sollte er die Maut begleichen,
das war für ihn ein schlechtes Zeichen.

Nach Haus fuhr er nun stad und leis.
Ein blaues Auge war der Preis,
weil wer nicht zahlen will und kann,
dem haften ein paar Hiebe an.

Nun sollte erst mal Zeit verstreichen,
sein blaues Auge sollte weichen,
doch wird er sich bald neu besinnen,
denn wer nicht wagt, kann nicht gewinnen.

Spätes Glück

Des Bauern Fritz war eine Niete
und sein Verstand die halbe Miete.
Er war zwar stark und sonst gesund,
doch stand er da, mit offnem Mund,

so schaute er den Vögeln nach.
Sein Motto war: Gemach, gemach.
Er war des Bauern einzger Spross,
geboren aus der Bäurin Schoss.

Des Bauern Wunsch war nicht erfüllt.
Die Beziehung war schon abgekühlt.
Die Bäurin war schon in den Jahren,
dass sie noch Mutterglück erfahren.

So zwang man sich mit letzter Kraft,
mit einem Hang zur Wissenschaft,

weil die Fruchtbarkeit schon längst vorbei,
dass der Fritz der neue Bauer sei.

Die Zeit lief weiter, schleunigst schon.
Der Fritz war doch ihr einzger Sohn.
Er war nicht wie die Wünsche sind,
doch er war der beiden einzig Kind.

Der Fritz tat dies und anfangs das
und irgendwann auch irgendwas,
bis er sich selbst den Glauben schenkte
und sein Leben in die Bahnen lenkte.

Auf seinen Feldern wuchsen Kräuter.
Die Kühe hatten große Euter
und standen auf dem Wiesengrund,
wohlgenährt und kerngesund.

So wie er einst den Vögel schaute,
so er nun sein Werk aufbaute.
Mit der Natur war er in einem Bund,
mit Kuh und Schwein, mit Katz und Hund.

So ging das Leben gestern, heute
und mitten drin die beiden Leute,
der Bauer und die Bäurin, alt,
nur klein und krumm mehr von Gestalt.

So lebten sie nun wohlbewacht,
ihr Leben weiter fromm und sacht.
Der Fritz nahm sie, so wie sie sind,
denn er war der Alten beider Kind.

Der Bauernkalender

Bauer, Bauer bist ein Schlauer
und ebenso Kalenderschauer.
Dein Spielfeld ist der weite Flur,
die Energie, die Sonne nur.

Dazu der Mond mit seiner Kraft,
der auch schon mal die Mondsucht schafft,
der Saatgut drückt und Saatgut regt
und sonst noch was am Hof bewegt.

Nichts über eine Bibel geht,
doch was im Kalendarium steht,
ist für den Bauern immer heiß,
ist für die Arbeit, Lohn und Preis.

Sein Wissen wird drin untermauert,
was wohl schon hundert Jahre dauert.
Daraus schöpft er Wissen, schöpft er Rat,
das ist der Sinn für seine Tat.

Was im Kalender ist gespeichert
und des Bauern Bücherschrank bereichert,
das nimmt er Tag für Tag zur Hand,
das ist für ihn sein Lieblingsband.

Der Bauer wär wohl nackt und klein,
er wüsst nicht aus, er wüsst nicht ein,
sein Kalendarium ist zur Not,
noch wichtiger als Trank und Brot.

Haltet weiterhin das Buch in Ehren,
könnt weiterhin daraus Wissen zehren,
so bleibt es weiterhin begehrt,
was hundert Jahre lang schon währt.

Der Tag der Tage

Jetzt zeig ich mit dem Finger auf,
kurz angezeigt, mein Lebenslauf.
Das Wichtigste nach vorn gerückt.
Was begonnen war, war nicht geglückt.

Wie es der Bauer heut erfährt,
hab ich vom Feld mich auch ernährt,
nahm das Leid der Tiere ich in Kauf
und alles andere obendrauf.

Lang ist's her, die Zeit sie wandelt,
als ich hab ähnlich so gehandelt.
Ich war auch Diener von Konzernen,
doch war ich scharf daraus zu lernen.

Warf über Bord ich manches Teil,
denn meine Welt war nicht mehr heil
und meine Seele litt enorm.
Ich selber ging schon außer Form.

Die Seelenlast mich niederzog
und auch mein Rückgrat ernstlich bog.
Die Krankheit schlich mir ins Gedärm.
Nun war genug mit Hast und Lärm.

Hab alle Lasten gleich entfernt.
Das Leben hab ich neu gelernt
und was ich tat war andererseits
wie der Untergang bereits.

Aus meinem Wort Erfahrung spricht,
zaudert und verzweifelt nicht.
Wenn euch zu sehr die Lasten drücken,
müsst ihr sie von euch runter rücken.

Glaubt an euch und eure Stärke.
Legt Altes ab, schafft neue Werke.
Ob es gelingt ist keine Frage.
Es kommt dann auch der Tag der Tage.

Der Wein, der Wein

Der Wein, der Wein, der gute Tropfen,
ist stärker noch als Malz und Hopfen.
Fährt in die Blutbahn ein mit Macht,
hat Manchen um den Sinn gebracht.
Reift er am Weinberg, schroff und steil,
dann tut der Bauer seinen Teil.

Er pflegt und hegt nun diesen Trank,
der ihn gesund macht oder krank.
Der Wein ist ein besonderer Saft,
er verleiht uns Mut, verleiht uns Kraft
und mancher biedere Bauernknecht,
trank ihn zu viel, mehr schlecht als recht.

Auch der Bauer selbst nimmt ihn zu Brust
und trinkt den Saft auch voll bewusst,
dass das Bewusstsein ihm entflieht
und er schon weiße Mäuse sieht.

Hat er ein Weib, das ihn begehrt
und auch den Rebensaft verehrt,
dann ist das Übel nicht so groß,
nur beide sind besoffen blos.
So geht der Wein in manchem Haus
schon vorne rein und hinten raus
und die Leute drin sind alle voll
und toll berauscht vom Alkohol.

Ein Lehrstück

Ein Bauer ging ins Freudenhaus
und holt sich eine Frau heraus,
weil einsam war er lang genug.
Was er da tat war kein Betrug.

Er meint es ehrlich mit dem Weib.
Sie war ihm nicht nur Zeitvertreib,
auch Bäurin war ihr neuer Job.
Der Bauer sparte nicht mit Lob,

doch versteckte er noch insgeheim
die neue Frau in seinem Heim,
weil seine Frau war schön und heiß
und für diese Zier war hoch der Preis.

Doch eines Tages sprang er auf
„Jetzt hau ich meinen Hut darauf.
Was nützt mir diese schöne Frau,
wenn ich allein sie täglich schau.

Jetzt geh ich auf das Kirchweihfest,
wo man sich gerne sehen lässt.
Am Arm nehm ich nun meine Frau,
die sollen schauen, ganz genau."

Am Festgelände eingetroffen,
stand der Männerwelt der Mund schier offen.
Die Frauenwelt war schon verblast.
Manch Mann hätt sie gern angefasst

und mancher ging noch einen Schritt
und nehm sie in sein Bettchen mit.
So träumten sie am hellen Tag,
so wie man nur Wunschträumen mag.

So wie die Stunden so verstrichen
hat manch Mann nun seine Frau verglichen,
mit des Bauern neue Bäuerin
und mancher Mann war weg und hin.

Sie scharten sich nun um die Frau
und stellten ihre Kraft zur Schau
und mancher ließ die Sau heraus.
Der Bauer ging allein nach Haus.

Das Kirchweihfest war ein Versuch,
doch entpuppte er sich als ein Fluch.
Ein Lehrstück war es für den Mann,
dass man sein bestes Stück nicht zeigen kann.

Das Rückenmark

Wie strahlt ein Bauernhaus einst Stärke aus
und was dort war in diesem Haus.
Ein Ort war es der Harmonie
und so Gesetz für Mensch und Vieh.

Man sah dort Menschen emsig walten
und ihr Tagwerk fromm gestalten.
Tag für Tag, von morgens an,
man mit Gebet den Tag begann.

So war die Bauernsippschaft reich
noch an der Zahl, so zum Vergleich,
hat in des Volkes Wählerschaft,
auch manches mit der Zahl gemacht.

Heut ist das Bauernhaus schier leer,
es tut nichts nach Nachkommen her,
Kein Kinderlachen, kein Geschrei,
die Harmonie ist längst vorbei.

Heut strahlt das Haus nur Ruhe aus,
nur wenig Leben ist im Haus.
Der Bauer ist heut schwach an Zahl,
ist kein Vergleich zu früher Mal.

Sein Wort hat nunmehr keine Kraft.
Die Arbeit wird ihm angeschafft.
Die Bürokratie ihn nun gestaltet,
er fremdes Gut nur mehr verwaltet.

Das Bauernhaus strahlt Ruhe aus,
kein Leben mehr in diesem Haus,
kein Schwein im Hof, schon gar kein Kind,
weil die Bauern ausgestorben sind.

Das sind des Bauern die Gefahren,
im Zeitraum von knapp hundert Jahren.
Ihr sollt euch nun ins Bettchen legen
und sorgt für reichen Kindersegen.

Dass es nur lacht und schreit ums Haus
und ergießt euch in die Welt hinaus.
Dass ihr wieder werdet groß und stark,
vom Land ein starkes Rückenmark.

Die Übermacht

1626 im Jahre des Herrn,
des Bauers Freiheit war noch fern.
Um was er gekämpft war nicht erreicht,
des Bauern Blut war ausgebleicht.

Tränen, Blut und Düsternis
das war dem Bauern nun gewiss.
Die Sieger hausten wie Barbaren,
die nun die neuen Herren waren.

Viele tausend Bauern waren tot.
Daheim am Hof die große Not,
die Sippenhaft und der Verweis,
das war des Kampfes großer Preis.

Die Sieger haben nun mit Macht,
sich im Bauernland zurecht gemacht.
Ihn zu vernichten war ihr Ziel,
beim Frankenburger Würfelspiel.

Wie man damals schon mit List und Lug,
gemein den Bauern niederschlug
und mit Versprechen eingenebelt,
am Ende war er fest geknebelt.

Nie hat sich der Bauer orientiert,
nie war er recht organisiert.
Er schlug nur einzeln drein mit Macht,
das hat ihm Prügel eingebracht.

Rollt nochmals die Geschichte auf
und erforscht nochmals den Zeitenlauf
und zieht die Lehren auch daraus,
bis in die Zukunft weit hinaus.

Damals war er, für den Fall,
noch mächtig groß, er an der Zahl,
doch heute ist er nur ein Schein,
im Grunde nur noch winzig klein.

Heut ist der Bauer fix und fertig.
Die Feinde sind allgegenwärtig
und wach sind sie bei Tag und Nacht,
auch immer in der Übermacht.

Bauernaufstand

Bauernaufstand war im Land,
Haus und Hof war abgebrannt.
Gezündelt haben Königs Schergen,
drunt` im Tal und auf den Bergen.

Mit Zucht trieb er die Steuern ein,
auch zählte mit, das letzte Schwein
und der Zehent war das Obligo.
Der Bauer war zurzeit nicht froh.

Die eigene Haut war nur sein Gut.
Er war gereizt bis auf das Blut.
Ein Sturm brach los, dort ob der Enns,
vor vielen Jahren, früh im Lenz.

Er kämpfte tapfer wie ein Held,
doch tränkt` sein Blut bald jedes Feld,
weil Einigkeit war nicht sein Ziel.
Bald war zu End das böse Spiel.

Seine Haut musst` er zu Markte tragen,
er war verraten und geschlagen.
Das Elend groß wie vorher war,
er war verflucht mit Haut und Haar.

Vor vierhundert Jahren war die Schlacht,
die hat den Bauern mürb gemacht.
Nicht war er einzeln daran schuld,
das Übel war die Ungeduld.

Der König lies Verträge brechen,
die Bauern dann zusammenstechen.
Ihre Führer ließ er einzeln hängen,
auch viele auf die Folter zwängen.

Das ist des Bauern Not noch heut,
er ist nur einzeln, nicht zu zweit,
nicht zu zweit und nicht in Masse.
Auch heut ist er die schwache Klasse.

Wer einzeln kämpft, kriegt keinen Wert.
Heut gilt zwar nicht mehr Speer und Schwert,
doch Wörter und des Hirnes Grütze,
in der Masse, wär ihm schon zu nütze.

Das waren noch Zeiten

Das waren noch Zeiten, mir graust fast davor.
Der Mächtige damals jede Hemmung verlor.
Der Bauer, der Herr über Hof und Gesinde
war oft ein Despot, das klingt noch gelinde.

Er nahm sich seine Rechte nach überliefertem Stil.
Er nahm sich die Magd, wenn sie ihm gefiel.

Die Bäuerin war schweigsam, doch sie wusste Bescheid.
Er war hier der Hausherr, er hat es nicht mal bereut.

Das waren noch Zeiten, mir graust fast davor.
Der Mächtige damals jede Hemmung verlor.
Wenn der Beischlaf für die Magd hat Folgen gebracht,
musste sie fort von dem Hof, gleich über die Nacht.

Wohin mit der Magd, wohin mit dem Kind,
wenn sündige Frauen erwünscht nirgends sind?
Sie musste betteln für Dach und für Brot.
Was war das für ein Leben, was war das für Not?

Das waren noch Zeiten mir graust fast davor.
Der Mächtige damals jede Hemmung verlor.
Und fand sie wo Arbeit, sie konnt sich nicht freun.
Sie war zwar geduldet, doch das Kind sollt nicht sein.

Viel Arbeit tagsüber auf dem Acker, beim Heu.
Das Kind lag in der Kammer, es war niemals dabei.
„Das Kind bleibt zu Haus“ das bekam sie zu hören.
Das würde die Mutter bei der Arbeit nur stören.

Das waren noch Zeiten, mir graust fast davor.
Der Mächtige damals jede Hemmung verlor.

Ging sie in die Kirche, das Kind auf dem Arm,
das war ein Getuschel, das Gott sie erbarm.
Die Frauen, die ehrsamen in ihrem Sonntagsgewand
für die Mutter, die Magd, man nur Schimpfwörter fand.

Ging sie in den Beichtstuhl, was sollt sie dort sagen?
Der Pfarrer der würd nach dem Kindsvater fragen.
Das waren noch Zeiten, mir graust fast davor.
Der Mächtige damals jede Hemmung verlor.

Sie sehnt sich nach Liebe, es wär an der Zeit.
Die Jahre verfliegen, es wär längst schon so weit.
Die Burschen schauen vorbei
an der Magd mit dem Kind,
weil sündige Frauen für die Ehe geeignet nicht sind.

Der Knecht hat sein Auge auf sie schon verloren.
Wenn er nicht so arm wär,
hätt er sie als Weib auserkoren.
Das waren noch Zeiten, mir graust fast davor.
Der Mächtige damals jede Hemmung verlor.

Die Magd ist nun schon älter, ihr Bub ist schon groß.
Er lebt zwar am Hof, doch er gilt hier nichts bloß.
Er darf auch wie andere zur Schule nicht gehen,
denn er muss täglich auf der Weide
nach den Rindviechern sehen.

Er wächst nun heran, kann weder rechnen noch lesen,
denn er ist der Balg einer sündigen Magd nur gewesen.
Das waren noch Zeiten, mir graust fast davor.
Der Mächtige damals jede Hemmung verlor.

Ist er erwachsen und älter, er hat trotzdem kein Recht.
Wenn er Glück hat, nimmt ihn ein Bauer als Knecht.
Er macht die schmutzigste Arbeit solange er kann.
Ihn gerecht zu behandeln, der Bauer denkt nicht daran.

Wie ein freier Mensch zu agieren, das darf er hier nie.
Er hat nicht mehr Rechte als im Stall drin das Vieh.
Das waren noch Zeiten, mir graust fast davor.
Der Mächtige damals jede Hemmung verlor.

Seine Mutter ist alt und durch die Krankheit gehemmt.
Sie hat sich schon lange dagegen gestemmt.

Für eine kränkelnde Magd will niemand mehr sorgen.
Sie hat keine Zukunft, nicht mal heute und morgen.

Sie zieht bettelnd umher,
steht oft vor verschlossener Tür.
Hart war stets ihr Schicksal, sie kann nichts dafür.
Das waren noch Zeiten, mir graust fast davor.
Der Mächtige damals jede Hemmung verlor.

Wenn sie gestorben ist, wer kümmert sich drum?
Niemand ist zuständig, denn sie ging nur herum.
Sie wird dann begraben im Friedhof im hintersten Eck.
Sich darüber zu ärgern, das hat keinen Zweck.

Sie war eine Magd nur, es erging ihr immer nur schlecht.
Sie hatte im Leben und auch im Tode kein Recht.
Das waren noch Zeiten, mir graust fast davor.
Der Mächtige damals jede Hemmung verlor.

Sie hatten nie eine Chance und auch keine Wahl,
keine Zukunft, kein Leben, immer nur Qual.
Dem Bauern von damals, dem war nichts zu viel.
Er nahm sich die Magd wenn sie ihm gefiel.

So ist es ergangen oft Mutter und Kind.
Sie hatten nie Rechte, sie waren Gesind.
Das waren noch Zeiten, mir graust fast davor.
Der Mächtige damals jede Hemmung verlor.

Der Bauer und der Herrgott

So wie einst der Bauer im Kirchhof sich fand,
wie er bei der Arbeit seine Schürze sich band,
so war es ein Muss, sich an den Herrgott zu wenden,
sollte am Ende seine Arbeit gut enden.

Der Herrgott, der Pfarrer, die Kirche, der Wirt,
dass waren die Gründe der Treue, zu viert.
War einer verloren, hätten drei nicht gereicht.
Mit Dreien hätt der Bauer sein Glück nicht erreicht.

So gehen die Zeiten und die Bräuche sind fort.
Heut gibt halt der Bauer dem Fortschritt das Wort.
Auf Chemie und Maschinen, darauf baut er auf.
Woran er sich früher gehalten, vergisst er darauf.

Der Herrgott bleibt da, wo er immer schon war.
Der Pfarrer hat Arbeit an seinem Altar.
Die Kirche steht leer oft, die Türen sind zu.
So hat sich gewandelt die Einsicht im Nu.

Nicht so schnell soll man lassen, was gut ist und treu.
Nicht immer ist besser, als das Alte, was neu.
Bräuche und Feste haben immer ihr Recht.
daran sich zu halten, find ich nicht schlecht.

Böses Spiel und gute Miene

Was war am Bauernhof die Regel?
Kuh und Schwein und Kind und Kegel.
Mann und Frau als junges Paar
musst erst einmal vor den Altar.

Sich finden und dann Hochzeit machen,
Hausstand gründen, tausend Sachen,
gleich darauf zur Hebamm laufen,
morgen schon ein Kindlein taufen.

Kindlein ist nun schon ein Jahr,
Frau und Mann sind auch ein Paar,
so geht es weiter und so fort,
das eine gibt das andre Wort.

Damit es der Frau nicht säumig wird,
hat es der Mann nochmal probiert,
nun muss er gleich zur Hebamm laufen
und morgen schon ein Kindlein taufen.

So war am Bauernhof die Mode.
Kinderkriegen war Methode.
Mann musst gleich zur Hebamm laufen
und morgen schon ein Kindlein taufen.

Die Frau war die Gebärmaschine.
Zum bösen Spiel die gute Miene.
Heute ist der Spuk vorbei,
heut sind am Bauernhof nur zwei.

So wie sie sich früher mal vermehrt,
heute ist das umgekehrt.
Die Hebamm ist im Dorf, im Land,
schon vielen Menschen unbekannt.

Wenn einer stirbt, ist einer fort,
da nützt auch nicht ein Trauerwort.
Am Bauernhof ist kaum ein Kind,
bis alle ausgestorben sind.

Die Not schaut raus bei Tür und Angel.
Die Arbeit viel und Freizeitmangel.
Das alles ist im Bauernhaus,
dabei geht mir der Text nicht aus.

Des Bauern Werk

Wie gut ist heut des Bauern Werk,
worauf hat er sein Augenmerk?
Ist es das Feld, das er bebaut,
ist es das Vieh, auf das er schaut?

Die Summe aller wird es sein,
sein ganzes Wissen stellt er rein
und seinen Fleiß gibt er noch drauf,
doch schaut zum Bauern niemand auf.

Warum ist er in Misskredit?
Was spielt dem Bauern übel mit?
Warum kann er sich nicht erfreun?
Warum soll er nicht Bauer sein?

Er bebaut und pflegt für uns das Land.
Dies ist an Arbeit allerhand
und an den Sorgen hat er viel
und jeder hat dasselbe Ziel.

Sein Job ist heut ein Schleudersitz,
mit Rechenschaft und ohne Witz,
voll Treue und mit Bodenhaft
und Beharrlichkeit als Eigenschaft.

So ist der Bauer zwiegespalten.
Der eine ist recht ungehalten,
dass ihn Belohnung nicht erfährt,
denn die Kritik ist unerhört.

Ein anderer verzweifelt gar.
Nur schlechte Zeiten Jahr für Jahr.
Soviel er auch die Kurbel tritt,
er kommt nicht mit den anderen mit.

Ein Urteil kann ich nicht erstellen.
Es wär komplex in vielen Fällen.
Wer Bauer ist soll es auch sein,
da rede ich nicht mit hinein.

Teilbilanz

Noch kenn ich nicht den Bauern ganz
und trotzdem mach ich schon Bilanz.
Diese Spezies ist mir nicht ganz neu,
weil ich bin selbst den Bauern treu.

Ich will verstehn, wie es ihm geht,
wo heut der brave Bauer steht,
worauf der brave Bauer baut
und wie er in die Zukunft schaut.

Ein Urteil fäll ich jetzt nicht leicht,
weil ein Urteil einem Urteil gleicht,
weil er sein Urteil nicht verdient,
sobald man Übersicht gewinnt.

Wie teil ich nun den Bauern ein?
Es soll auch nicht in Klassen sein,
nicht in Rubriken und Schablonen.
Davor möchte ich den Bauern schonen.

Nicht in Trägheit, nicht in Fleiß,
weil jeder hat auch seinen Preis,
wie schnell er rennt und wie er schafft,
mit halber oder ganzer Kraft.
So lass ich weg das Resultat,
weil jeder Bauer Sorgen hat,
denn als sein Richter wär ich schlecht,
mein Urteil wäre ungerecht.

Die Einsicht

Ich sing ein Lied das in mir blieb,
das hab ich heute noch so lieb:
„Hänschen klein ging allein,
in die weite Welt hinein…."

Wohl ging er in die Welt hinaus,
doch sah die Welt ganz schrecklich aus.
Am Bauernhof, im Elternhaus,
dort sah die Mutter nach ihm aus.

„ Hänschen mach mir keine Schande,
dort im fernen, fremden Lande."
Hänschen war so frohgemut,
tat alles, was man halt so tut.

Er ackert fleißig seine Felder
und zählte die verdienten Gelder,
denn Geld zu haben war nicht ohne,
doch kaufte er manch falsche Krone

und Manchem ging er auf den Leim.
Nach Jahren kam er wieder heim,
dort war Mütterchen mit ihrem Lob.
„Mütterchen die Welt war grob.

Sie nahm mir Zeit und die Geduld,
jetzt bin ich schlecht und habe Schuld.
Oft bin ich zu weit gegangen.
Mitgegangen, mitgehangen.

Jetzt bleib ich auf dem Heimatgrund,
da leb ich froh und bleib gesund
und tu keinem Menschen was zu leid.
Das wird nun meine schönste Zeit!"

So wie es diesem Hans ergangen,
so sind auch andere gefangen,
in Hast und Gier auf großem Feld,
im Rausch danach, nach Macht und Geld.

Alles Träumerei

Als ich noch klein war, noch dummer als dumm,
da spukte im Kopf mir schon der Bauer herum.
Wollte Traktor ich fahren, mit gefedertem Wagen.
Dass das wohl das Glück sei, so hörte ich sagen.

Doch ich war von Haus aus ein ärmlicher Wicht.
Nur zwei Kühe im Stall, das störte mich nicht.
Kommt Zeit und kommt Rat, so dachte ich mir.
Zu zwei Kühen noch zwei, dann sind es schon vier.

So ging meine Rechnung, so hab ich gedacht,
doch habe ich falsch meine Rechnung gemacht.
Als ich größer schon wurde, wollt ich mich beeilen
und lernte den Beruf eines Bäckers einstweilen.

Buck Brot ich und Kekse und allerlei Sachen,
doch wollte im Leben ich mich wichtiger machen.
Darum stand ich als Bauer bald wieder in Acht.
Hab alles wie damals ein Bauer gemacht.

Nur größer und besser sollte es sein,
so kam ich als Bauer in die Wirtschaft hinein.
Dort ist halt ein Bauer, mit Herz und mit Sinn,
in diesem Geflechte verloren darin.

So wie es erträumt, so war es verpönt.
Bald war ich den neuen Zustand gewöhnt.
Nun lass ich sie machen, wie jeder es will.
Ich höre nur hin und betrachte sie still.

So war meine Lehre fürs Leben gedacht.
Die hat mich am Ende auch klüger gemacht.
Mit dieser Erfahrung ist gesegnet mein Sinn.
Heut bin ich so froh, dass ich kein Bauer bin.

Das letzte Gericht

Nun steht der Mensch gar arm und nackt,
die große Angst hat ihn gepackt,
vor dem, den er nicht mal kennt
und den er seinen Richter nennt.

Da fällt ihm ein, dass er gemordet,
dass Geld und Gut er viel gehortet,
dass Milde er nicht ausprobiert,
dass er nur Macht hat inhaliert

und gesündigt schwer an der Natur.
Den Mord tat er an Tieren nur,
denn für Mitleid war er wohl zu schwach.
Gesündigt hat er tausendfach.

So steht er da, nun winzig klein.
Ein Wurm könnt auch nicht ärmer sein.
Vorbei ist all sein Machtgehabe.
Nicht ausgenützt die Gottesgabe.

Nun soll er in das Jenseits treten.
Unnütz sind nun die Moneten,
unnütz ist der ganze Kram.
Sein Leben war nicht tugendsam.

Nun kommt der Richter durch das Tor.
Klein steht nun der Mensch davor.
Was weiß der Herr, ist er im Bilde?
Nun hofft er schwer auf seine Milde.

Das Lebensbuch

Willst du den Lebenssinn erfahren,
nach allen deinen Lebensjahren,
dann blättere und schau und such,
in deinem eigenem Lebensbuch.
Was du getan in aller Breite,
was du noch hast auf Habenseite.

Hast du vollbracht, auch welche Gaben,
hast Überschuss, ob Soll, ob Haben?
Das alles steht im Buch darin.
Das ist des Lebensbuches Sinn,
darum schreib es auf und zähl es ab
und rechne nach, nur nicht zu knapp.

Obwohl dein Leben nur befristet,
ist alles drin fein aufgelistet.
Es ist nichts verfälscht und nichts vergessen,
alles was schon ist gewesen.
Das Lebensbuch hat dein Gewicht,
darum zürne und veracht es nicht.

Dein Lebensbuch hat dein Gesicht,
dem kannst du entfliehen nicht.
Dein Lebensbuch ist in dir drin,
schau hinein, nicht drüber hin.
Es ist nicht anderen Büchern gleich,
es macht nur dein Gewissen reich.

Endgültig

Der Strom des Lebens zieht dahin,
bis eines jeden Ende hin.
Bis er am Schluss vom Ende kündet
und ins Meer der Stille mündet.

Rauscht er auch noch so wüst und toll
und ist er noch so übervoll,
zum Ende hin gleicht es sich aus
und wird ein kleines Bächlein draus.

Es plätschert nur mehr sanft dahin.
In ihm ist nicht mehr Saft darin
und all der wilde Schwung, die Kraft,
ist bis dahin schon abgeflacht.

Mit jedem Meter Bachverlauf,
versickert er und trocknet auf,
bis der Bach auch schon sein Ende spürt
und zu einem Rinnsal wird.

Ein Menschenleben läuft konträr,
so wie es wohl beim Wasser wär.
Der Wasserlauf bis hin zum Meer,
zeigt immer neue Kräfte her.

Der Mensch kann sich nicht daran halten,
weil ihm nicht neue Kräfte walten.
Er kann auch nicht die Kräfte binden,
er hat damit sich abzufinden.

Höhenluft

Hast du im Tal ein sicheres Haus,
dann steige nicht zu hoch hinaus
und wenn du steigst, mach nicht so schnell,
bleib sonst lieber auf der Stell.

Der Zwang nach mehr, der frisst dich auf.
Jetzt willst du aber hoch hinauf.
Dir schwindelt schon, die Luft wird dünn.
Noch höher steigen hat nicht Sinn.

Nach einer Weile Ruhezeit
bist zum Weiterklettern du bereit.
Bis hier her war der Weg nicht schwer.
Noch größere Höhe reizt dich sehr.

Noch einen Schwung bis hin zur Rast,
nur Schritt für Schritt, ganz ohne Hast
und nochmals weiter, noch ein Stück.
Die große Höhe bringt dir Glück.

Der Schwindel steigt in dein Gehirn.
Jetzt willst du noch ein Stück probiern.
Nu keinen Blick so tief hinab
und trotzdem stürzt du kläglich ab.

Was du erstiegen hast ist fort.
In Luft aufgelöst, mit einem Wort.
Was du erträumst das ist verschwunden.
Als Nächstes bleibst du besser unten.

Mensch halt ein

Einst ging ich durch den Wald, den Flur,
war tief betroffen, staunte nur.
Was hat man aus der Welt gemacht?
Hat sie fast bis zum Tod gebracht.

Überall Chemiefabriken,
die Türme in den Himmel blicken.
Nur Dunst und Rauch nach oben hin.
Wo führt das hin, Endzeitbeginn?

Beton, Beton, wohin man schaut,
die halbe Erde zugebaut,
mit Asphalt, Asbest, auch zugeschmiert,
worin sich die Natur verliert.

Ein Gänseblümchen reckt sich hoch.
Es ist so klein, ich seh es doch.
An seinem Platz will ich verweilen.
Kann ich ihm noch zu Hilfe eilen?

Schon kommt ein Laster angebraust.
Das Gänseblümchen, arg zerzaust.
Ein zweiter folgt, nun ist es tot.
Die Natur gekillt, du große Not.

Einst ging ich durch den Wald, die Auen.
Wollt nur Gottes Werke schauen.
Ein Ungetüm im stillen Wald,
sein Ächzen draus laut widerhallt,
nahm Baum um Baum sich mühlos vor.
Ein Klagen drang nur an mein Ohr.

Die Bäume klagten mir ihr Leid.
Kein Gefühl mehr da, du schlimme Zeit.

Ich geh durch Wiese und den Garten,
dort will ich auf den Frühling warten.
Von oben kommt so manches Gift,
was auf meinen Garten trifft.

Oh Mensch, halt ein, du bist verwirrt,
hast in der Richtung dich geirrt.
Machst die Natur, dich selber hin,
was Gott erschuf, bei Anbeginn.

Der Schwarze Atem

Der „Schwarze Atem" uns bedroht,
vom Morgenrot zum Abendrot
und die Gefahr wird nur gespeist,
sowie die Forschung uns beweist,
aus manchem Gift, das man verkauft
und es Bekämpfungsmittel tauft.

Des Menschen großes Sorgenkind,
wie es verträgt der Sturm und Wind,
wird in die Lüfte hochgezerrt.
Auch mein Garten wird nicht ausgesperrt.
Ich muss selber nichts dergleichen tun,
muss mich nicht müh' n, kann friedlich ruhn.

Allein, mein Garten wird versorgt!
Vom Nachbarn hab ich' s mir geborgt,
der spritzt die Felder pflichtbewusst.
Nur halb so viel hätt er gemusst,
auch dann wär es noch viel zu viel,
weit drüber über jedes Ziel.

So wie das Gift die Pflanze speichert,
auch meine wird so angereichert,

so ess ich Bohnen, Gurken, Karfiol,
bis oben hin mit Giften voll.
Mein Gemüse esse ich mit Qual,
doch bleibt mir keine andere Wahl.

Alternative gibt es keine,
nicht unter diesem Augenscheine.
Kauf ich im Supermarkt nur ein,
wird manches Gift noch ärger sein.
Die Wirtschaft setzt in Land und Stadt
die eigenen Bürger bald schachmatt.

Mal schau ich rechts, mal schau ich links,
schau hin zum Bums, schau hin zum Dings,
überall nur Nebelschwaden,
mit starken Giften vollbeladen.
Bienen und sonst Kleingetier
hab ich schon lange nicht bei mir.

Ist alles öd, ist alles tot,
nur ratzeputz ist das Gebot,
weil die Waffen in des Menschen Hand.
Die Wirkung ist ihm unbekannt.
Doch einmal wird ein Ende sein,
bald ist die Erde klinisch rein.

War das Haus voller Kinder und der Stall voller Vieh,
dass die Zeit einmal ändert, daran dachte er nie,
der Bauer, der Hüter, der Richter, die Macht.
Sie hat sich gewandelt, gleich über die Nacht.

Nun ist er recht einsam und der Größe beraubt.
Es ist nichts mehr wert, an was er geglaubt.
Die mächtige Zeit rafft den Bauern dahin.
Er wird sich verlieren, im Vakuum darin.

Kein Gleichgewicht

Ich war im Osten unterwegs.
Mit dem Auto war es keineswegs.
Am Fahrrad trat ich die Pedale,
das war mein Weg in diesem Falle.

So wie ich fuhr, mit scharfem Sinn,
gab ich mich ganz dem Lande hin.
Zog ein den Duft von Land und Leute,
sah auch Kultur von einst und heute.

So manches alte Bauernhaus,
schaut traurig in die Welt hinaus.
Darinnen sah ich Menschen kauern,
rund herum die morschen Mauern.

Und im Land, oft hundertfach,
nur alte Häuser ohne Dach.
So fuhr im Land ich täglich weiter,
das Wundern war mein Wegbegleiter.

Manch Pferd und Wagen auf dem Weg,
ist nicht vom Fortschritt ein Beleg
und wiederum zwei Meilen weiter,
Maschinen, größer, stärker, breiter.

Daneben Hallen, neu und teuer,
der Fuhrpark drinnen, ungeheuer.
Hier alte Leute, Pferd und Wagen,
die Lasten auf dem Rücken tragen.

Daneben Farmen, Schlössern gleich,
so groß fast wie ein Königreich.
Ich sag es klar, aus meiner Sicht,
fehlt dort im Land das Gleichgewicht.

Eindrücke eines Radfahrers in Polen

In Polen ist in mir ein Bild geboren,
das in meinem Land schon längst verloren.
Ich sah Uroma, Oma, Mutter, Kind,
die in einem Haus beisammen sind.

Die Zeit am Land läuft längst verkehrt,
gleich schnell der Traktor, wie das Pferd.
Beide sind sie guter Dinge,
obwohl schon längst im Ausgedinge.

Was heut nicht geht, kommt morgen dran.
so denkt am Land, Kind, Frau und Mann.
Auf den Feldern wächst, was Gott so will.
Nicht größer, höher ist das Ziel.

Aus den Kirchen quillt der Lobgesang,
alles Volk beim Kirchengang.
So weit, so gut, halt fest die Zeit,
doch längst ist sie Vergangenheit.

Am Land so manches alte Haus,
schaut traurig in die Zukunft raus.
Die Jungen fort, die Alten tot,
nie sah es vorher solche Not.

Die Natur holt sich nun Stück für Stück,
was der Mensch einst schuf, für sich zurück.
War einerseits ich hoch erfreut,
so sah ich auch die neue Zeit.
Im selben Haus Urahn und Kind
und Häuser die verlassen sind.

Mit dem Fahrrad war ich unterwegs,
war oberflächlich keineswegs.
Sah in Gesichter voller Falten,
sah Zufriedenheit noch bei den Alten.

Auch Verwunderung in mancher Weise:
Warum ich mit dem Fahrrad reise?
Im Dorf traf ich auch Harmonie,
andererseits Melancholie.

Die Geschwindigkeit: gemach, gemach
und Haus und Hof schon ohne Dach.
Hier streikt schon meine Fantasie.
Das Bauernvolk schafft solches nie.

Die Zeit läuft viel zu schnell,
so hat man mir beteuert,
weil das Volk noch heftig strampelt
und Brüssel gegen steuert.
Die Sicht im Dorf ist eingeschränkt,
weil nichts so läuft, wie Brüssel denkt.

Das Dorf am Land kommt kaum noch mit.
Man hält dort nicht mit Brüssel Schritt.
Doch was ganz unnütz ist, das dort beweist,
ein Mensch der mit dem Fahrrad reist.

Am Bauernhof ein Fluch ist wie ein altes Leichentuch,
darin man Leichen aufbewahrt,
dann ist das Glück gleich aufgebahrt.
Dann ist das Glück gleich durch den Wind,
wo alle Schmerzen heimisch sind,
wo alles Elend sich vermengt,
wo am Hof das Pech das Glück verdrängt.

Das ist ein Gewinn

Ich hab einen Garten und plane das Jahr.
Bei all dieser Arbeit krümm ich mir kein Haar.
Dazu nehm ich den Dienst, der Maschinen verleiht.
Ich habe inzwischen für was anderes Zeit.

Da kommt schon ein Traktor,
hinten dran einen Pflug.
Nun fragt mich der Fahrer:
„ Sind fünf Scharen genug?"
Er setzt nun schon an, am hinteren Rain.
Bevor ich es merke, wird er fertig schon sein.

Der Schaden ist hoch, der Nutzen gering,
weil es mit dem Kolos nicht so zimperlich ging.
Der Zaun ist kaputt und der Rasen dahin,
doch ich muss mich nicht mühen,
das ist ein Gewinn.

Nun brauch ich noch jemand,
der die Furchen zerkleinert,
mit einem Gerät mir die Erde verfeinert.
Ich bestell eine Egge, natürlich mit Mann
und vorn an der Egge, einen Traktor daran.

Da kommt schon das Fuhrwerk
mit lautem Gebrumm
und haut mit der Egge mein Gartenhaus um.
Das ist nicht so schlimm,
das kann schon passieren.
Ich wollte das Häuschen, so und so renovieren.

Nun breitet er aus, seine Arme, zum Schreck
und wie er nun Maß nimmt, zu klein ist der Fleck.

„ Zu klein ist der Garten, lass gefaltet die Flügel,
gib nicht zu viel Gas, halt fest deine Zügel.“

Ein Apfelbaum fällt, eine Hecke danach,
denn vor diesem Riesen sind beide zu schwach.
Nun legt er erst los, schon ist die Arbeit getan.
Ich hab an dem Garten meine Freude daran.

So mache ich weiter, setz Samen und Korn,
ich habe auch wieder den Dienst auserkorn,
weil was ich auch plane, es geschieht mit Bravour,
so lass ich sie werken, gleich rund um die Uhr.

Nach wenigen Wochen sprießt Unkraut und Gras,
da nimmt auch der Dienst mit der Spritze dran Maß.
Vernichtet sind Unkraut und tierische Räuber.
Es gibt kein Entkommen,
vor dem feinen Zerstäuber.

Nun wachsen Kartoffel und Erbsen und Mais.
Dass ich es verstehe, das ist der Beweis.
Der Sommer vergeht und ein Monat verrinnt
und schon ist es Herbst und die Ernte beginnt.

Ich will mich beweisen, da gibt's nichts zu meckern.
Bei der Ernte im Garten, will ich nicht kleckern.
Jetzt will ich euch zeigen, was ich alles kann,
denn bei der Ernte im Garten
lass ich den Mähdrescher ran.

Ich seh, ich hör mit meinen Sinnen.
Was ich bemerk, kann nicht entrinnen
und alles weiter haften blieb,
weil ich im Buch es niederschrieb.

Schluss Betrachtung

Jetzt schließ ich mit dem Thema ab.
Es war heftig wohl und nicht zu knapp.
Mein Thema war der Bauernstand,
in und um und auf dem Land.
Falls ich ihm Unrecht hab getan,
dann such ich um Vergebung an.

Die Vergebung liegt mir groß am Herzen,
mit ihm will ich es nicht verscherzen.
Was er so macht und was er treibt,
wie er lebt und wie er leibt,
ob er nun lang ist oder rund,
das war für dieses Thema Grund.

Ich hoff er ist mir nicht vergrämt,
dann wär ich wohl vor ihm verschämt,
denn die Bauernschaft hat nichts zu lachen.
Ich selber könnt's nicht besser machen.
In seinem Job ist er ein Meister,
doch wird die Welt auch täglich dreister

und drängt ihn aus dem Job heraus,
dann ist es mit dem Bauern aus.
Die Szenerie gibt mir zu denken.
Ich will dem Bauern Glauben schenken,
dass er erreicht was er erstrebt,
dass er den Wandel überlebt.

Ich schließ nun ab im starken Glauben,
will ihm nicht alle Hoffnung rauben,
denn ein Bauernland ganz ohne Bauer,
das wär ein Land der tiefen Trauer.

Abendrot

Ich nahm den Bauern mir zu Brust
und dieses tat ich voll bewusst,
war mir des Ärgers voll im Klaren,
weil meine Worte Stiche waren.

Hab in des Bauern Herz gefühlt,
hab sein Gewissen aufgewühlt
und seinen Blutdruck auch erregt.
Vielleicht, dass es sein Hirn bewegt.

Ich hoffe nur, ich glaub es kaum.
In des Bauern Herz ist kaum noch Raum,
für Gefühl und Sensibilität,
weil das nicht in den Büchern steht.

Heut ist der Bauer eingeschränkt,
er wird von außen ferngelenkt,
und verleugnet seine Interessen.
Auf Agrarwirtschaft ist er versessen.

Nach Übersee gilt nur sein Blick,
von dort kommt Unglück nur zurück,
dort ist der Bauer ausradiert,
wo er als Sklave vegetiert.

Sein Handwerk hat er schon verlernt.
Er hat sich schon zu weit entfernt.
Der Bauer steht im Abendrot.
Ist der Bauer tot, sind alle tot.

Alles hat ein Ende

Alles hat ein Ende,
so lang die Zeit vergeht.
Es wird kein Ende geben,
sobald die Zeit nur steht.

Das ist so festgeschrieben
und gemauert fest in Stein.
Daran wird sich auch nichts ändern,
so wird es immer sein.

Nun ist das End vom Buch erreicht,
die letzte Seite steht.
Vom Anfang bis zum Ende,
ganz viel der Zeit vergeht.

Das Buch ist zwar zu Ende,
die Zeit läuft weiter fort.
Es kommt nicht mehr ein Text dazu,
nicht mal ein letztes Wort.

So wie die Zeit nun weiterläuft,
sollt der Bauer es auch tun.
Er wird sich weiter mühen,
er wird nicht einfach ruhn.

Er soll als Bauer schaffen,
mit Geduld und mit Verstand,
dann hab ich keine Sorgen
um unser Bauernland.

Es gilt die Frucht zu pflegen,
zu unser aller Glück.
Nicht auf die Masse soll er schauen,
nur pflegen Stück für Stück.

Auch soll er darauf achten,
dass fruchtbar bleibt der Bauer,
denn ohne junge Bauernschaft,
wird es ein Land der Trauer.

Nach all diesen Worten nun nochmals ein Lob
war ich zu gemein oder war ich zu grob,
so erbitt ich Vergebung, bei der Bauerngemeinde.
Ich will ihn zum Freund, nicht haben zum Feinde.

Weil ich leb auf dem Land, inmitten von Gründen.
Hier möchte einmal meine Ruhe ich finden.
Hätt ich mit dem Buch die Menschen vergrämt,
so wär ich in Wahrheit in der Seele verschämt.

Ist ein Wort wie ein Stich, sowie es erscheint,
so ist es nicht böse, ist nicht so gemeint.
So wie sie jetzt stehen, so lass ich sie stehn,
deshalb träum ich beim Schlafen
von den Bauern so schön.

Weitere Bücher des Autors Hans Riedl:
Es dreht sich alles um das Eine
Eigenverlag

Bike for Peace – Paris – Moskau
Eigenverlag

Weisheiten und kleine Dummheiten aus dem Lebensbereich des Hans R.
114 Seiten, Lyrik, im Eigenverlag!

Reifezeit – Sausaler Kindheitserinnerungen
Von der Petroleumlampe bis zum Internet
147 Seiten, Lyrik, Wagner – Verlag
ISBN- 978-3-95630-178-0!

Jetzt bin ich alt!
Bin nicht mehr heiß, bin noch nicht kalt!
148 Seiten, Lyrik, Re Di Roma Verlag
ISBN – 978-3-86870-757-1

Familiengeschichten
und anderes Ungemach
148 Seiten, Lyrik, Re Di Roma Verlag
ISBN – 978-86870-758-8

Lange Rede, kurzer Sinn
144 Seiten, Rediroma Verlag
ISBN 978-3-86870-750-2

Der schönste Tag
146 Seiten, Rediroma Verlag
ISBN 978-3-86870-766-3

Unbestechlich ist die Zeit
180 Seiten, Rediroma Verlag
ISBN 978-3-86870-930-8

Von Hans und Grete Riedl
„Die Trattenmüllers“
150 Jahre - Familiendokumentation , Bildband!
150 Seiten, 80 Geschichten
160 alte Fotos
Re Di Roma Verlag
ISBN – 978-86870-759-5

Damals
162 Seiten, Rediroma Verlag
ISBN 978-3-86870-835-6

Heiter bis Wolkig
170 Seiten, Rediroma Verlag
ISBN 978-3-96103-096-5

Liederlich und Kurios
185 Seiten, Rediroma Verlag
ISBN 978-3-96103-108-5

Meine ganz verrückte Märchenwelt
183 Seiten, Rediroma Verlag
ISBN 978-3-96103-145-0

Mut zur Veränderung
347 Seiten, Rediroma Verlag
ISBN 978-3-96103-290-7

Inhalt